●丛书主编 庆振轩

故事里的文学经典

宋词

郭英 雷鸿昌 编著

兰州大学出版社

图书在版编目(CIP)数据

故事里的文学经典. 宋词 / 郭英,雷鸿昌编著. —
兰州:兰州大学出版社,2013.9
ISBN 978-7-311-04262-2

Ⅰ. ①故… Ⅱ. ①郭… ②雷… Ⅲ. ①宋词—诗歌欣
赏 Ⅳ. ①I206.2

中国版本图书馆 CIP 数据核字(2013)第 220703 号

策划编辑 张 仁
责任编辑 李 丽
装帧设计 张友乾

书 名 故事里的文学经典·宋词
作 者 郭 英 雷鸿昌 编著
出版发行 兰州大学出版社 (地址:兰州市天水南路 222 号 730000)
电 话 0931-8912613(总编办公室) 0931-8617156(营销中心)
0931-8914298(读者服务部)
网 址 http://www.onbook.com.cn
电子信箱 press@lzu.edu.cn
印 刷 白银兴银贵印务有限公司
开 本 710 mm×1020 mm 1/16
印 张 10.5
字 数 168 千
版 次 2013 年 9 月第 1 版
印 次 2015 年 8 月第 3 次印刷
书 号 ISBN 978-7-311-04262-2
定 价 21.00 元

学海无涯乐作舟

——"故事里的文学经典"系列序言

北宋文坛领袖欧阳修曾说：

立身以求学为先，求学以读书为要。

欧阳修是一位政治家、思想家、改革家，也是一位教育家，他认为人生如果要有一番作为，就要努力求学读书。千余年过去，时至今日，立志向学，勤奋读书，教育强国，已经形成社会共识。然而读什么书，如何读书，依然是许多人困惑和思考的问题。

人们常说"开卷有益"，又说"好书不厌百回读"，所谓的好书、有益的书，应该指的是经典作家的经典作品。何谓经典？瑞士作家赫尔曼·黑塞在《获得教养的途径》中认为，经典作品是"我正在重读"，而不是"我正在读"的书。人文学科都有各自的经典作家和经典作品，诸如"哲学经典"、"史学经典"、"文学经典"等等。范仲淹曾经说过："劝学之要，莫尚宗经。宗经则道大，道大则才大，才大则功大。"(《上时相议制举书》)儒家把《诗经》、《尚书》、《仪礼》、《乐经》、《周易》、《春秋》尊为"六经"，文人学士研修经典的目的是为了经世致用，"六经之旨不同，而其道同归于用"。"故深于《易》者长于变，深于《书》者长于治，深于《诗》者长于风，深于《春秋》者长于断，深于《礼》者长于制，深于《乐》者长于性。"(陈舜俞《说用》)范仲淹与其再传弟子陈舜俞都是从造就经邦济世的通才、大才的角度论述儒家经典的。但古人研读经典，由于身份不同、目的不同，取径也不尽相同。郭绍虞在《中国文学批评史》中指出："古文家、道学家和政治家一样的宗经，但是古文家于经中求其文，道学家于经中求其道，而政治家则于经中求其用。"

就文学经典而言，文学经典指的是具有深厚的人文意蕴和永恒的艺术价值，为一代又一代读者反复阅读、欣赏、接受和传承，能够体现民族审美风尚和美学精神，具有广阔的阐释空间和当代存在性，能不断与读者对话，并带来新的发展,让读者在静观默想中充分体现主体价值的典范性权威性文学作品。“经也者,恒久之至道,不刊之鸿论。”(刘勰《文心雕龙·宗经》)

由于经典之作要经历时间和读者的检验,所以经典作家、经典作品经典化的过程会给我们一些有益的启示:读者和作家一起赋予了经典文学的经典含义。即就宋词而言,词体始于隋末唐初,发展于晚唐五代,极盛于两宋。但在宋代,词乃小道,不登大雅之堂,终宋一代,宋词从未取得与诗文同等的地位。欧阳修在《归田录》中曾记载:

> 钱思公(惟演)虽生长富贵,而少所嗜好。在西洛时,尝语僚属言:平生唯好读书,坐则读经史,卧则读小说,上厕则读小词。盖未尝顷刻释卷也。

虽然欧阳修之意在赞扬钱惟演好读书,但言及词则曰“小词”,且小词乃上厕所所读,则其地位可知。即就宋代词坛之大家如苏轼,在被贬黄州时,为避谤避祸,开始大量作词;辛弃疾于痛戒作诗之时从未中断写词的事实,也可略知其中信息。直至后世的读者研究者,越来越感知和发现了词体的独特的魅力——“词之为体,要眇宜修,能言诗之所不能言,而不能尽言诗之所能言。诗之境阔,词之言长”(王国维《人间词话》),才把词坛之苏辛,视如诗坛之李杜,赋予了宋词与唐诗相提并论的地位。

其他文体中如元杂剧之《西厢记》、章回小说之《水浒传》,也曾被封建卫道士视为“诲盗诲淫”之洪水猛兽而遭到禁毁,但名著本身的价值、读者的喜爱和历史的检验,奠定了它们经典之作的地位。

在一些经典作品经典化的过程中,读者甚至参与了经典作品的创作。李白的《静夜思》就是一个典型的个例。从文献学的角度看,宋代刊行的《李太白文集》、《李翰林集》中《静夜思》的原貌为:

床前看月光,疑是地上霜。
举头望山月,低头思故乡。

当代著名学者瞿蜕园、朱金城、安旗、詹瑛所撰编年校注、汇释集评本《李太白集》也全依宋本。但从明代开始,一些唐诗的编选者(读者)开始改变了《静夜思》的字句，形成了流行今日的李白的《静夜思》：

床前明月光，疑是地上霜。
举头望明月，低头思故乡。

所以，经过了历史长河的淘洗和历代无数读者检验而存留至今的中华文明宝库中的经典文学作品，是中华民族精神智慧的结晶。那么，在大力弘扬与传承优秀传统文化的今天，我们应该怎样学习阅读自《诗经》、《楚辞》以来的文学经典？古人的一些经典之作和经典性论述可以为我们借鉴。

横看成岭侧成峰，远近高低各不同。
不识庐山真面目，只缘身在此山中。

这是苏轼在元丰七年四月，自九江往游庐山，在山中游赏十余日之后所写的《题西林壁》诗。一生好为名山游的苏轼，在畅游庐山的过程中，庐山奇秀幽美的胜景，让诗人应接不暇。苏轼于游赏中惊叹、错愕，领略了前所未有的超出想象的陌生的美感。初入庐山，庐山突兀高傲，“青山若无素，偃蹇不相亲。要识庐山面，他年是故人。”移步换景，处处仙境，诗人喜出望外，“自昔忆清赏，初将杳霭间。如今不是梦，真个在庐山！”庐山幽胜美不胜收，于是诗人在《题西林壁》这首由游山而感悟人生的诗作中，寄寓了发人深思的理趣。苏轼之后，人们从不同的角度解读诗作给予人们的启悟。王国维《人间词话》中说：

诗人对于宇宙人生，须入乎其内，又须出乎其外。入乎其内，故能写之；出乎其外，故能观之。入乎其内，故有生气；出乎其外，故有高致。

而苏轼的《题西林壁》正是诗人对于人生对于庐山既入乎其内，又出乎其外的带有特有的东坡印记的智慧之作。古往今来，向往庐山，畅游庐山的游人难以数计，而神奇的庐山给予游人的感触各有不同，何以如此呢？因为万千游客，虽同游庐山，但经历不同，观赏角度有别，学识高下不一，游赏目的异趣，他们都领略的是各自心目中的庐山，诚所谓“横看成岭侧成峰，远近高低各不同”。也正如钱钟书《谈艺录》中所说：“盖任何景物，横侧看皆五光十色；任何情怀，反复说皆千头万绪。非笔墨所易详尽。”所以，换个角度看世界，世界会更加丰富多彩；换个角度看人生，现实人生就会更具魅力；换个角度读经典，你会拥有你自己的经典，经典会更加经典。

千江有水千江月，千江水月各不同。古今中外的许多经典作家正是以独特的眼光观察大千世界，以独到的思维角度思考人生，以生花妙笔写人叙事，绘景抒情，继往开来，推陈出新，创造出一部部永恒的经典。“不畏浮云遮望眼，只缘身在最高层。”经典之所以为经典，其要因之一就是经典作家能够站在时代的制高点上，眼光独到，视点独特，思想深邃，能发前人之所未发。即以被称为“拗相公”的王安石为例，作为勇于改革的政治家，思想深刻的思想家，他的诗、文、词创作都具有鲜明的个性特色。四川大学中文系古典文学教研室选注的《宋文选·前言》中说：

王安石的文章大都是表现他的思想见解，为变法的政治斗争服务的，思想进步故识见高超，态度坚决故议论决断。其总的特色是在曲折畅达中气雄词峻。议论文字，无论长篇短说，都结构谨严，析理透辟，概括性强，准确处斩钉截铁，不可移易。

这一段话是评价王安石散文风格的，用来概括他的诗词特色也颇为恰切。王安石由于个性独特，识见高超，所以喜欢做翻案文章。他的这一类作品不是为翻案而翻案，而是确有独到深刻的见解，其《读史》、《商鞅》、《贾生》、《乌江亭》、《明妃曲》均是如此。即以其《贾生》而言，司马迁《史记》有《屈原贾生列传》，对贾谊的同情叹惋之意已在其中。李商隐因自己人生失意，对贾谊抑郁失意更为关注，其《贾生》诗曰：

宣室求贤访逐臣，贾生才调更无伦。
可怜夜半虚前席，不问苍生问鬼神。

这首咏史诗在切入点的选取上颇为独到，在对贾谊遭际的咏叹抒写之中，蕴含着深沉的政治感慨和人生伤叹，而这种感慨自伤情怀颇能引起后世怀才不遇之士的情感共鸣，给予了高度评价。但王安石评价历史人物的着眼点则跳出了个人人生君臣遇合的得失，立足于是否有用于世有助于时的角度，表达了独特的“遇与不遇”的人生价值观。遇与不遇，不在于官场职位的高低，而在于胸怀谋略是否得以实行，是否于国于民有益：

> 一时谋议略施行，谁道君王薄贾生。
> 爵位自高言尽废，古来何啻万公卿。

以人况己，以古喻今，振聋发聩，这样的诗作才当得上“绝大议论，得未曾有”的美誉。无论是回首历史，还是关注现实，抑或是感受人生，往往因作者的视角不同，立场观念有别，而感发不一，所写诗文，各呈异彩。

但是我们在阅读体验中还发现了一些很有趣的现象：读者有时所欣赏的并不是作者的得意之作，而有时候作者所自珍的，读者却有微词。欧阳修《六一诗话》有这样一段文字：

> 晏元献公文章擅天下，尤善为诗，而多称引后进，一时名士往往出其门。圣俞平生所作诗多矣，然公独爱其两联，云“寒鱼犹著底，白鹭已飞前”，又“絮暖鮆鱼繁，露添莼菜紫”。余尝于圣俞家见公自书手简，再三称赏此二联。余疑而问之，圣俞曰：“此非我之极致，岂公偶自得意于其间乎？”乃知自古文士不独知己难得，而知人亦难也。

欧阳修这种阅读体验不止一端，刘攽《中山诗话》记载：永叔云：“知圣俞者莫如某，然圣俞平生所自负者，皆某所不好。圣俞所卑下者，皆某所称赏。”于是也感慨知心赏音之难。

正因为知心赏音之难，所以古人强调阅读欣赏应该知人论世。于是了解探究历史，就有“纪事本末”类的系列著述。阅读欣赏诗词，即有《本事诗》、《本事词》、《词林纪事》、《唐诗纪事》、《宋诗纪事》、《明诗纪事》、《清诗纪事》等著作；阅读唐宋散文，也有《全唐文纪事》、《宋文纪事》之类的著述。对于读者而言，这些著述有助于我们由事知史，由事知人，进而由事知诗，由事知词，由事知文；或者说有助于我们加深对相关诗、词、文的深入了解。正是从这个视点出发，出于弘扬传统文化，建设社会主义精神文明的责任感与使命感，兰州大学出版社策划出版“故事里的文学经典”、“故事里的史学经典”、“故事里的哲学经典”（统称为“换个角度读经典”）系列丛书，同样出于历史使命感，我们愉快地接受了“故事里的文学经典”系列的撰写工作，首批包括《故事里的文学经典之唐五代词》、《故事里的文学经典之唐文》、《故事里的文学经典之宋文》、《故事里的文学经典之北宋诗》、《故事里的文学经典之南宋诗》、《故事里的文学经典之元曲》、《故事里的文学经典之唐诗》、《故事里的文学经典之宋词》。

当凝聚着丛书的策划者和撰著者共同心血的著述即将付梓之际，我们为和兰州大学出版社这次愉快的合作感到由衷的高兴，因为共同的弘扬优秀传统文化的目标，出好书就成为我们共同的意愿，所以撰写以至出版的一些具体问题，就很容易通过沟通达成一致。参与丛书撰写的同仁均长期从事中国古典文学的教学科研工作，怎样让经典文学作品走出大学的讲堂，走向社会，走向千家万户，是我们长期思考的问题；而由学者在一定研究基础上撰写的，面向更为广大的读者群的融学术性的严谨和能给予读者阅读的知识性、愉悦性则是出版社策划者的初衷。合作的愉快也为我们下一步自汉魏至明清诗、词、文部分的写作奠定了良好的基础。

由“本事”或者说由“故事”入手诠解阅读文学经典是我们的共识。

那些与诗、词、文密切相关的“本事”，在古典文学名篇佳作的赏鉴研读中，主要是指与相关作品的创作、传播以及作家的生平遭际有关的“故事”，抑或是趣事逸闻，其本身就是最通俗、最形象吸引读者的“文学评论”，许多流誉后世的名篇佳作，几乎都伴随有引人入胜的“故事”或传说。这些故事或发生于作家写作之前，是为触发其写作的契机，所谓“感于哀乐，缘事而发”；或是出于一种自觉的责任感使命感，“文章合为时而著，歌诗合为事而作”。而有些诗文本身就在讲故事，史传文学本身就与后世小说特别是传奇小说有千丝万缕的联系，所以唐宋散文中的一些纪传体散文名篇诸如《张中丞传后叙》、《段太尉逸事状》、《杨烈妇传》、《唐河店妪传》、《姚平仲小传》等颇具小说笔法。即如范仲淹之《岳阳楼记》，王庭震《古文集成》中也记述说：

> 《后山诗话》云：“文正为《岳阳楼记》，用对语说时景，世以为奇。尹师鲁读之，曰：‘传奇’体耳！”《传奇》，唐裴铏所著小说也。

有些诗歌也是感人的叙事诗，在很多读者那里了解的苏小妹的故事，只是民间的传说，得之于话本小说《苏小妹三难新郎》、近年新编的影视作品《鹊桥仙》等。人们出于良好的心理愿望，去观看欣赏苏小妹和秦观的所谓爱情佳话，让聪明贤惠的苏小妹和苏轼最得意的门生秦观在虚构的小说、戏曲、影视作品中成就美好姻缘，而不去考虑受虐病逝于皇祐四年（1052）的苏洵最小的女儿、苏轼的姐姐八娘，和出生在皇祐元年（1049）的秦观结为秦晋之好是根本不可能的！而苏洵的《自尤》诗即以泣血之情记述了爱女所嫁非人，被虐致死的锥心之痛。但长期以来，由于资料的散佚，一些研究苏轼的专家对此亦语焉不详，台湾学者李一冰所著《苏东坡新传》即曰：

苏洵痛失爱女，怨愤不平，作《自尤诗》以哀其女（今已不传）。

我们依据曾枣庄先生《嘉祐集笺注》收录了《自尤》诗并叙，并未多加诠释，因为诗作本身就为我们含悲带愤地讲述了一个凄惨的八娘的短暂的一生的悲剧故事。苏小妹不是一个传说！

当然，也有一些故事发生在诗作传播之后，如《舆地广记》和《艇斋诗话》都记载，苏轼"为报先生春睡美，道人轻打五更钟"传到京城，章惇认为东坡生活快活安稳，于是又把诗人贬到海南。但是不论诗人是直书其事，还是借史言事，是因事论事，还是即事兴感，与诗作相关与诗人遭际相关的故事，都有助于我们对经典诗文在知人论世的基础上去读解诠释。

在"换个角度读经典"系列丛书之"故事里的文学经典"（第一批）将要出版发行之际，我们对兰州大学出版社的张仁先生、张映春女士为之付出的大量心血和兢兢业业一丝不苟的敬业精神表示由衷的感佩；对兰州大学文学院党政领导班子，特别是张炳成同志对于丛书的写作出版自始至终的关注支持深表感谢。同时，由于切入角度不同，对于相关诗、词、曲、文名篇的诠解也仅是我们的一得之见，所以我们热望广大读者多提宝贵意见，书山有路勤为径，学海无涯乐作舟，愿读者诸君和我们一起愉快阅读经典的同时，换个角度，读出我们各自心目当中的经典。

庆振轩

二〇一三年八月于兰州

目　录

柳永　杨柳岸的晓风残月

柳永一生几乎都在烟花柳巷里度过，结交了不少红尘中人，有的还很有感情，如心娘、王英等。柳永对这个特殊的群体非常了解，为她们写了大量的词。词在当时属于流行歌曲，是音乐的范畴，并不属于文学。

北宋的流行乐坛分雅俗两大阵营。雅的歌星是官妓，词作者是主流文人，因此有一定的地位，被主流社会所认可。俗的歌星是市妓或私妓，比较有名的词作者就是柳永，这一派能被老百姓的社会所认可，却不容于所谓的主流社会，处处受主流文人蔑视、排挤、打压。

在宋代，官吏可与官妓交往，一定级别的官员还可以蓄养家妓。官妓卖艺不卖身，因为，所谓主流社会的精英，与官妓的关系是建立在色艺与才情的基础上的，而非建立在肉欲的基础之上，发于情止乎礼，符合儒家伦理道德规范。柳永所处的那个以市妓或私妓为主的娱乐圈，时常有性交易，因而对男欢女爱，更加大胆，更加赤裸，这是不被主流社会认同的主要原因。

那个时代，一个知识青年，在高考之前，在博得功名走马上任之前，得约束自己，不能过于随便。偶尔在河边走走的也大有人在，但一定是偷偷摸摸的，至少要装作偷偷摸摸的样子，以维护圣贤弟子的形象，以免档案里的污点影响今后的发展。

遗憾的是，柳永是个另类，时常到那些地方去，时常为那些人作词，不但不偷偷摸摸，及时毁灭证据，还要贴上标签，来个什么“版权所有”。更为甚者，还收版税，有人考证过，柳永一首词的稿费是白银 50 两。取之于妓，用之于妓，何必多此一举啊，柳永先生。

柳永如此招摇夸张，如此另类，与天下的文人拧着来，细想想，其孤独、坎坷的一生也在情理之中。要知道，北宋的政界是清一色的文人。

柳永一生留恋于秦楼楚馆，和无数女人相爱过，但没有结过婚，这恐怕还是因为他的文人情结。玩玩是可以的，要结婚，门户与出身不能不考虑。柳永无妻无子，也无一个文人朋友，似乎也被家人抛弃。在孤独中离世，还是几位妓女送的葬。这只是简单地处理了尸体，作为文人（进士），作为官员（正县级），这是极不正常的。好在后来，王安礼（王安石弟弟）迁坟时为他举行了正式葬礼，才使后人有了凭吊之处。

柳永既是个简单的人，又是个复杂的人。他是风流才子，是屡考不中的补习生，常喝常醉的酒鬼，出没秦楼楚馆的浪子，仕途坎坷的小官，“奉旨填词”的专业词人，流迹江湖的游客，自命不凡的“白衣卿相”，歌楼妓女的铁哥，放荡不羁的花花公子，市井街头的自由撰稿人，惹怒皇帝的笨蛋，不修边幅的小丑，敢恨敢爱的汉子，无室无妻的光棍……

他是宋代词坛的巨匠。

甘　草　子

秋暮，乱洒衰荷，颗颗真珠雨。雨过月华生，冷彻鸳鸯浦。　池上凭阑愁无侣，奈此个、单栖情绪！却傍金笼共鹦鹉，念粉郎言语。

华美的词句不能掩盖心灵的空虚。一阵风，一阵阵政界、文学界的风，吹冷了月华，吹冷柳永的人生。一生的孤寂，都是因为“单栖”，这个孤独的另类。

这或许就是柳永。

柳永，一个为另类付出一切的人；一个因另类成为巨匠而被历史记住的人；一个一生贫穷，却能为千百年后的人们不断创造财富的人。

奉旨填词柳三变

柳永的出身并不寒酸，书香门第，官宦子弟。他的父亲叫柳宜，是南唐旧臣（做过侍御史），是“千古词帝”李煜的臣子，随着李煜一起投降，成为大宋的臣子，虽不是大官，也是一县之长，数万百姓的父母官。因此，柳永自小衣食无忧，主要任务就是读书学习，掌握更多的知识，卖给赵家，以求锦衣玉食，光耀门庭。

柳永不仅是才子，而且是神童。据《建宁府志》，柳永九岁时就会写诗，而且写得相当不错，如下面这一首题崇安（柳永的家乡）中峰寺的诗。

题建宁中峰寺

攀萝蹑石落崔嵬，千万峰中梵室开。

僧向半空为世界，眼看平地起风雷。

猿偷晓果升松去，竹逗清流入槛来。

旬月经游殊不厌，欲归回首更迟回。

不同凡响。柳永对自己的才学相当自负，认为考中进士根本就不是问题，问题是能不能得第一，中状元。因此，柳永到京城后，不像别的考生，一边苦读，一边拜名师走关系。他一头扎进秦楼楚馆，纵情酒色，偎红倚翠，浅斟低唱。他在等待考试日期的到来。

然而，他错了。首战败北，并没有当回事，他认为不是自己无能，而是考官太平庸。第二次又失败了，他有些接受不了，那首著名的《鹤冲天》，带着满腔愤懑和万分牢骚横空出世。

鹤 冲 天

黄金榜上，偶失龙头望。明代暂遗贤，如何向？未遂风云便，争不恣狂荡？何须论得丧。才子词人，自是白衣卿相。　烟花巷陌，依约丹青屏障。幸有意中人，堪寻访。且恁偎红倚翠，风流事，平生畅。青春都一饷。忍把浮名，换了浅斟低唱！

他真的错了吗？从准备高考，到两次失败，十来年的时间，在没有报纸，没有电视，需要口口相传的那个时代，成为流行乐坛的腕儿，谈何容易。然而柳永做到了，而且是在毫不经意间。无心插柳，轻描淡写，一个伟大的词人竟然就这样炼成了。

是对，还是错？谁能说得清楚。

十年的光景，柳永在考场一败再败，但在流行歌坛，经过十年的摸爬滚打，柳永已是大哥级的人物。同往常一样，这首歌迅速火遍了大江南北；同往常不同，这首歌在京城卷起了一股旋风，使柳永成了家喻户晓的超级明星。

柳永的粉丝很多，也很广泛。从音乐界到普通百姓，从文人士大夫到皇亲国戚，都有柳永的铁杆歌迷，比如仁宗皇帝。仁宗皇帝和文人士大夫一样，肩上打着文化道德的大旗，不仅对柳永口诛笔伐，还在行动上打压封杀。可背过身，在小范围的宴会上，在美女面前，仍旧是“露花倒影柳屯田”。这不奇怪，皇帝提倡的是要百姓做的，自己往往是不做的。就像吃饭一样，皇帝吃的和百姓吃的永远不一样，但皇帝只说百姓吃的，从不说自己吃的。

皇帝给自己从来不讲理，理是讲给别人的，越靠近皇帝的人，越是这样，比如当官的，官越大越不讲理。

仁宗自然很快知道了这首词，自然很恼怒，至少表面看起来很恼怒。“白衣卿相”？太过了吧，没有我老赵点头，谁能当上官？你视进士为浮名，那好，这笔账我给你记着。

转眼三年过去了。留下真情，抛弃恩怨，挥一挥衣袖，柳永再次来到了考场。不知感动了哪路神仙，柳永一路顺利，就连殿试也过了，只等仁宗签字发文。

千万别忘了，仁宗皇帝还在宫里等着哩。仁宗一看到“柳三变”（此时，柳永还未改名）三字，立即就恼怒了起来。哼，老赵家的官不是想要就能得到的，既然进士只不过是能换浅斟低唱的浮名，那好吧，大笔一挥写了“且去浅斟低唱，何要浮名”！还是去浅斟低唱吧，柳先生，浮名你就别要了。

和当年的孟浩然一样，一头撞在了南墙上。

没有任何办法，皇帝虽然不讲理，但是言出必行。不是皇帝多么守信誉，而是满朝的大臣，全国的官吏和文人，都执行“君无戏言”的政策，都时时刻刻在维护皇帝的脸面。

至少，在仁宗皇帝手里没有多少希望，再待在京城也没有意思了。

“读万卷书，行万里路。”到处走走也好，赶快收拾行囊吧。

杨柳岸，晓风残月

仁宗让柳永彻底绝望了，于是开始了长达十年的江湖行走。

走得告别，可是与谁告别？柳永是没有朋友的。跟那些红粉佳人吗？不行，让她们知道了，还走得了吗？十年的青春逝去了，未来的路怎么走？向哪儿走？

难道真的要放弃那浮名吗？不行，绝对不行。考不上进士，就没有工作，别说成家立业，光宗耀祖，就是衣食住行都没有办法。换一个环境，也许能改变自己；过一段时间，也许能改变别人的看法。

悄悄地走，把云彩和过去全都抛弃。

孤独、失落的柳永，背着破旧的行囊，只身走向码头。

经过一家酒店，一家他非常熟悉的酒店，忍不住回头多看了几眼。这一看，看出了一个传奇，“北宋十大金曲”之一的《雨霖铃》诞生了。

就在这一回头的时候，心娘、虫虫等红粉佳人围在了身边。情哥哥，包厢都订好了，就让我们送送你吧，就让我们为你再唱一首吧。

又是一次浅斟低唱。

又是一篇千古绝唱。

雨霖铃

寒蝉凄切，对长亭晚，骤雨初歇。都门帐饮无绪，留恋处、兰舟催发。执手相看泪眼，竟无语凝噎。念去去、千里烟波，暮霭沉沉楚天阔。多情自古伤离别，更那堪冷落清秋节！今宵酒醒何处？杨柳岸、晓风残月。此去经年，应是良辰好景虚设。便纵有千种风情，更与何人说？

有些步履蹒跚，柳永还是走了。又一次浅斟低唱，使柳永没能够把过去和云彩抛弃，空空的行囊又变得沉重了，这种沉重漫长而遥远。

《雨霖铃》词意图——明刊本《诗余画谱》

宿命。

柳永就是那杨柳岸的晓风残月。

公元1032年，浪迹天涯的柳永来到了陕西渭南一带。他的又一历史名片——《八声甘州》完成了。

八声甘州

对潇潇暮雨洒江天，一番洗清秋。渐霜风凄紧，关河冷落，残照当楼。是处红衰翠减，苒苒物华休。惟有长江水，无语东流。　不忍登高临远，望故乡渺邈，归思难收。叹年来踪迹，何事苦淹留？想佳人妆楼颙望，误几回、天际识归舟。争知我，倚阑干处，正恁凝愁！

虽然有许多文人看不起柳永，谓其词"市井之人悦之"，但柳永的词是"典雅与鄙俗融合"，即雅俗杂陈。如《雨霖铃》，"执手相看泪眼"，俗吧；"今宵酒醒何处？杨柳岸、晓风残月"，够雅了吧。再如这首《八声甘州》，"想佳人妆楼颙望"，够俗；"渐霜风凄紧，关河冷落，残照当楼"，雅极。就连一向看不起柳永的苏轼，也是赞赏有加，说"不减唐人高处"。

唐朝比较大气，整个社会是激荡的、向上的，唐朝的歌女唱的是"黄河远上白云间"、"千里黄云白日曛"，顶多也是"一片冰心在玉壶"。这就是唐人的高处。

宋朝（北宋）则多了几分脂粉气，整个社会是文弱的、享乐的。歌女们一张口便是"为伊消得人憔悴"、"云破月来花弄影"，顶多也就是"无可奈何花落去"。

"大江东去"之类的词很少，歌女们几乎不唱。因为，那是诗化了的词，是文人们之间传看的，顶多可用来朗诵，演唱起来并不好听，"它不协音律"。

有一种执着叫期待，有一种快乐叫苦难。四十多岁的柳永在苦难中执着地期待着那一天，然而，苦难还在陪伴着他。

三秋桂子，十里荷花

一路走一路浪，孤寂的柳永来到了人间的天堂，繁华的杭州。

我们前面说过，在士大夫或官场这个大圈子，柳永没有一个朋友。但并不是完全没有，有半个，这个人叫孙何，是柳永的发小。孙何时任两浙转运使，兼杭州市市长，就在杭州上班。

柳永是“白衣卿相”，而且是自封的，只能以老朋友的身份去拜访孙何，可连门卫的关都没过去，人家根本就不予通报。真是世态炎凉啊！

这种冷脸，柳永看得多了，也不太在意。没有名片，咱就扬长避短造个名片。于是他精心写了一首词，叫《望海潮》，然后说给著名歌妓楚楚，楚楚早已成了柳永的超级粉丝。不愧是风流才子，干别的不行，取得歌女的青睐倒是轻而易举。

柳永对楚楚说：“我想见孙何，可门卫不让进，也不通报。下次孙大人举办宴会，一定会让你参加，你就唱这首《望海潮》。如果孙大人问是谁写的，你就说是柳七。”“如果孙大人不问呢？”“根本不可能。”柳永斩钉截铁地说。

又到了中秋节，又是一场盛大的宴会。楚楚一曲《望海潮》，成了当晚的明星，所有的人都被镇住了，纷纷打听词作者。

望 海 潮

东南形胜，三吴都会，钱塘自古繁华。烟柳画桥，风帘翠幕，参差十万人家。云树绕堤沙。怒涛卷霜雪，天堑无涯。市列珠玑，户盈罗绮，竞豪奢。　　重湖叠巘清嘉。有三秋桂子，十里荷花。羌管弄晴，菱歌泛夜，嬉嬉钓叟莲娃。千骑拥高牙。乘醉听箫鼓，吟赏烟霞。异日图将好景，归去凤池夸。

这首词不仅描绘了杭州的美，还夸颂了地方长官的业绩。孙何喜洋洋，美滋滋，很是受用。果然问楚楚，“是谁写的？”楚楚说是柳七，孙何想起了这“半”个朋友，尽了地主之谊，仅此而已。

时间又过了一百多年，北宋灭亡，继建的南宋以杭州为首都。柳永的这首《望海潮》传到了北方的少数民族政权金国。金主完颜亮对词中所描绘的“三秋桂子，十里荷花”非常羡慕，遂起扬鞭渡江之志。他派人潜入杭州，绘了一幅西湖山水图。看到图后，更坚定了完颜亮的南下决心，杭州已然成了他碗中的肉。完颜亮让人加画了全副武装的自己，扬鞭立马于西湖边的山上，并亲笔题写了一首七绝，诗曰：

万里车书尽混同，江南岂有别疆封。
提兵百万西湖上，立马吴山第一峰。

果然，公元1161年，完颜亮率领大军南下。然而天不亡宋，先吃败仗，接着内讧，完颜亮被部下刺杀，成了冤死鬼，金兵狼狈退却，南宋躲过了一劫。

经过近十年的游荡，快五十岁的柳永再次来到了京城，没办法，这个“老补习生”还得参加高考，因为这是唯一的出路。为此，他改了名字：把原来的大名“柳三变”改成了“柳永”，把原来的字“景庄”改成了“耆卿”。别小看这次改名，这是态度问题。

柳永终于成熟了，不再那么另类了。

柳三变死了，柳永在三变的浴火中重生。

公元1034年，快五十岁的柳永终于考中了进士，也许是改名的缘故，也许是因为十年的隐姓埋名，总之，仁宗皇帝这次没有难为他。由此看来，仁宗在皇帝当中，还真是一个不错的皇帝。

有了进士文凭，就可以做官了，尽管是九品小官，总比没有强吧。几任下来，胡子拉碴一大把了，却仍在“原地”打转转。柳永忍不住了，但他没有乱发泄，而是很礼貌地去拜见晏殊——当时的内阁总理。

针线闲拈伴伊坐

晏殊是一代贤相，听说柳永来拜访，热情地接待了他。

敬茶，落座。有着巨大鸿沟的两个人的谈话开始了。

晏殊说：“柳同学，你还作词吗？”晏殊是明知故问，他想知道柳永是不是痛改前非了，至少不作那些不合道学的市井之词了，哪怕是装一装也好。

可柳永不这样想。明知故问，还是瞧不起人，也是一个假道学。于是不卑不亢地说：“和相公一样，也喜欢作曲子。”

这怎么能相提并论呢。晏殊有些不高兴了，说：“我虽然作词，可没写过‘针线闲拈伴伊坐’呀！”

软软地碰了个钉子，柳永无语，他只能默默地告辞。

定风波

自春来、惨绿愁红，芳心是事可可。日上花梢，莺穿柳带，犹压香衾卧。暖酥消，腻云亸，终日厌厌倦梳裹。无那！恨薄情一去，音书无个。　早知恁么，悔当初、不把雕鞍锁。向鸡窗，只与蛮笺象管，拘束教吟课。镇相随，莫抛躲，针线闲拈伴伊坐。和我，免使年少光阴虚过。

这就是晏殊指责柳永的那首词。格调的确不高，但感情真挚。

柳三变并没有死，柳永只不过是柳三变的影子。过去的已然成为历史，任谁也改变不了，你想忘掉它，翻过它，可别人却牢牢地记住了它。

此际宸游，凤辇何处

倾杯乐

禁漏花深，绣工日永，蕙风布暖。变韶景都门十二，元宵三五，银蟾光满。连云复道凌飞观。耸皇居丽，佳色瑞烟葱茜。翠华宵幸，是处层城阆苑。　龙凤烛交光星汉。对咫尺鳌山开雉扇。会乐府两籍神仙，梨园四部弦管。向晓色都人未散。盈万井，山呼鳌抃。愿岁岁天仗里，常瞻凤辇。

这首关于上元的词，是柳永初期的作品，不知为什么，仁宗皇帝非常喜欢这首词，尤其是"会乐府两籍神仙，梨园四部弦管"两句。正是这首词，使仁宗成了"柳迷"，每逢宴会，一定会让乐师反复演唱。

进入官场的柳永，辗转睦州、余杭、昌国、泗州等地，终于回到了京城，做了个屯田员外郎的官，大概相当于正县级的闲职。

上次从晏殊那儿碰了个软钉子，如果能从皇帝这儿找回来，有生之年能够再升一级半级，或者谋个实在的职位，岂不更好。

机会来了，宫里有位姓史的高级服务员，愿意为柳永牵线搭桥，故事是这样的：

这年仁宗寿辰的时候，恰巧赶上老人星出现，这是非常祥瑞的事，仁宗定会大摆宴席，让文人们作词称颂。姓史的提前将计划透给柳永，柳永事先做了准备。宴会上，柳永把精心创作的《醉蓬莱》献给了仁宗皇帝。

醉蓬莱

渐亭皋叶下，陇首云飞，素秋新霁。华阙中天，锁葱葱佳气。嫩菊黄深，拒霜红浅，近宝阶香砌。玉宇无尘，金茎有露，碧天如水。　正值升平，万机多暇，夜色澄鲜，漏声迢递。南极星中，有老人呈瑞。此际宸游，凤辇何处，度管弦清脆。太液波翻，披香帘卷，月明风细。

谁料，仁宗看到开头的“渐”字，脸上就露出了几分不快。待读到“此际宸游，凤辇何处”时，就多云转阴了。原来，误打误撞，这两句竟与仁宗写的悼念真宗的词完全一样，这不是犯了大忌吗？硬着头皮，继续往下读，看到“太液波翻”时，不禁勃然大怒，为什么不写“太液波澄”呢，一个“翻”字，多不吉利！

又一次，拍马屁拍到了蹄子上。

好在是仁宗，没有给他无限上纲。要是换作朱元璋，怕就一命呜呼了。尽管这样，柳永还是得到了“不复进用”四个字。

不久，柳永辞职，脱离了官场。

行云何处去

谢玉英，江州名妓，色佳才秀，最爱唱柳永的词。柳永，才高气傲，只因为惹恼了仁宗，不仅高考艰难，且仕途坎坷。好不容易弄了个余杭的副县长，已经是老头子了。途经江州，照例留恋妓家，结识了谢玉英，她的书房有一册“柳永新词”，都是亲笔用蝇头小楷抄录的。一个是心中的偶像，一个是红粉佳人，二人才情相配，结为了知己。临别时，柳永写新词表示永不变心，谢玉英则发誓，从此闭门谢客，以待柳郎。

柳永在余杭任上三年，又结识了许多江浙名妓，但从未忘记谢玉英，任满回京，专程到江州与她相会。不想玉英又接新客，陪人喝酒去了。柳永十分惆怅，在花墙上赋词一首，追忆三年前的恩爱光景，发泄今日玉英失约之不快。

系 梧 桐

香靥深深，姿姿媚媚，雅格奇容天与。自识伊来，便好看承，会得妖娆心素。临岐再约同欢，定是都把、平生相许。又恐恩情，易破难成，未免千般思虑。　近日书来，寒暄而已，苦没忉忉言语。便认得听人教当，拟把前言轻负。见说兰台宋玉，多才多艺善词赋。试与问朝朝暮暮。行云何处去？

谢玉英回来见到柳永的词，果然是多情才子，可自己却忘记了发的誓。于是，卖掉家什，赶往京城寻找柳郎。几经周折，谢玉英在京城名妓陈师师家找到了柳永。久别重逢，种种情怀难以诉说。两人再修前好，谢玉英就住在了陈师师家的东跨院，与柳永如夫妻一般生活。

再后来，柳永因《醉蓬莱》一词，再次得罪了仁宗。不久，愤然辞官，再次漂荡江湖。一生的坎坷与孤寂，一世的偎翠倚红、浅斟低唱，柳永身心俱伤，最后竟死在了名妓赵香香家。

他既无家室，也无财产，死后更是无人过问。谢玉英、陈师师等一班名妓，念他的才学与痴情，凑了一笔钱葬了他。谢玉英曾与他夫妻一般生活过一段时间，便为他戴重孝。出殡的那一天，京城的妓女几乎都来了，半城缟素，一片哀声。这便是"群妓合金葬柳七"的佳话。

谢玉英痛思柳郎，哀伤过度，两个月后也死去了。陈师师等念她重情义，就把她葬在了柳永的墓旁。

梧桐碎影

大宋开国之初，有个叫回仙的女人，姓甚名谁，无人知晓。大宋首都汴梁，即今天的河南开封，有一座景德寺，寺院的墙壁上有几句诗，传言是回仙所题。诗曰：

明月夜，秋风冷。今夜故人来不来？教人立尽梧桐影。

就这几句，似乎是一首词的残句。

也不知是什么时间，柳永写了一首词，叫《倾杯·秋景》。词曰：

倾　杯　秋景

金风淡荡，渐秋光老，清宵永。小院新晴天气，轻烟乍敛，皓月当轩练净。对千里寒光，念幽期阻，当残景。早是多愁多病。那堪细把，旧约前欢重省。　最苦碧云信断，仙乡路杳，归雁难倩。每高歌、强遣离怀，奈惨咽、翻成心耿耿。漏残露冷。空赢得、悄悄无言，愁绪终难整。又是立尽，梧桐碎影。

写完此词后，柳永做了一个梦。有一美女对他说："我不是这个世上的人，以前曾写过几句诗，一百来年没人理会，今天，您能看得起，深感欣慰。谢谢啊！”

柳永将此事告诉别人，大家都说是“鬼话”。

木兰花

柳永出入秦楼楚馆，追逐声色享受，是想从坎坷的生活、失意的政治中寻找解脱。他长期与歌妓生活在一起，对她们的生活有深入细腻的观察，对她们的内心诉求有较多的理解。他很用心地描绘歌妓的天生丽质、色艺双全、心理情态。四首《木兰花》就是柳永描写歌妓技艺、生活的代表作。他倾注情感，用铺陈、夸张的笔法分别描写了心娘、佳娘、虫娘、酥娘的美丽和歌舞技艺。

木兰花(四之一)

心娘自小能歌舞。举意动容皆济楚。解教天上念奴羞，不怕掌中飞燕妒。　玲珑绣扇花藏语。宛转香茵云衫步。王孙若拟赠千金，只在画楼东畔住。

木兰花(四之二)

佳娘捧板花钿簇。唱出新声群艳伏。金鹅扇掩调累累，文杏梁高尘簌簌。　鸾吟凤啸清相续。管裂弦焦争可逐。何当夜召入连昌，飞上九天歌一曲。

木兰花(四之三)

虫娘举措皆温润。每到婆娑偏恃俊。香檀敲缓玉纤迟，画鼓声催莲步紧。　贪为顾盼夸风韵。往往曲终情未尽。坐中年少暗消魂，争问青鸾家远近。

木兰花(四之四)

酥娘一搦腰肢袅。回雪萦尘皆尽妙。几多狎客看无厌，一辈舞童功不到。　星眸顾指精神峭。罗袖迎风身段小。而今长大懒婆娑，只要千金酬一笑。

我们关于柳永的故事就要讲完了，但还有一首词不得不说，这便是《蝶恋花》。

蝶恋花

伫倚危楼风细细，望极春愁，黯黯生天际。草色烟光残照里，无言谁会凭阑意。

拟把疏狂图一醉，对酒当歌，强乐还无味。衣带渐宽终不悔，为伊消得人憔悴。

这也是一首情词，写给谁的，已经不知道了。

王国维先生不太看得起柳永，但对这首词是个例外，尤其对“衣带渐宽终不悔，为伊消得人憔悴”赞赏有加。他认为，古往今来，做成大学问的人必须经历三种境界。第一，“昨夜西风凋碧树。独上高楼，望尽天涯路。”开始不能急功近利，要有高瞻远瞩的眼光。第二，“衣带渐宽终不悔，为伊消得人憔悴。”这个过程要执着，能吃得了苦，耐得住寂寞。第三，“众里寻他千百度，蓦然回首，那人却在灯火阑珊处。”苦苦追求之后，结果往往不在喧闹的地方，也不在大家都死盯着的地方，而在一般人注意不到的地方。最后的结果往往是不经意间得到的，有“原来如此”的豁然开朗之感。

今天的人对这两句的理解已超出情的范围，的的确确，它是执着的注解，“执着者”的广告语。

柳永，口无遮拦，用真心写真词的汉子；敢爱敢写，直面情感的另类。

柳永，贫困一生，却能为世世代代不断创造财富的人。

柳永，你就是杨柳岸的晓风残月。

张先　朦胧花影老逢春

张先的心态比较好，能够着的玩好用足，够不着的也不去多想。没有远大的政治理想，对名气也看得淡。在诗人圈、散文圈、书画圈、词人圈都有他的身影，都能靠上边，都有朋友。没有当过大官，但一直在吃皇粮，不像柳永那样要靠稿费过日子。

由于没有大起过，自然也就不存在大落的问题，一生没有被贬过，这一点很不容易。秦观的官也不大，但却是一贬再贬。这说明张先的心态的确不错，这是他长寿的原因之一（一直活到八十九岁）。

张先是个猛男，不仅身体好，而且好色，八十多岁还娶小老婆，没有两下子，怕是不行的。他一生风流放荡，也喜欢混迹于青楼酒馆。李师师，由于和宋徽宗、周邦彦、宋江等有关系，是名副其实的京城第一名妓。李师师成名，张先功不可没，《师师令》就是专门为李师师量身而作的。

师　师　令

香钿宝珥。拂菱花如水。学妆皆道称时宜，粉色有、天然春意。蜀彩衣裳胜未起。纵乱云垂地。　都城池苑夸桃李。问东风何似。不须回扇障清歌，唇一点、小于朱蕊。正是残英和月坠。寄此情千里。

云破月来花弄影

有一天，张先觉得身体不舒服，也没有精神，就没去上班，待在家中养病。其实也没有什么大病，只是打不起精神，索性喝些酒，然后好好睡一觉。侍女伴唱，自斟自饮，不知不觉便有了几分醉意，接着就睡着了。

这一场好睡，从中午一直睡到了大半夜。张先醒来后，觉得神清气爽，只是有点饿。他一边吃东西一边想，别人都睡觉了，我却刚醒来，这后半夜可咋过啊。罢，罢，罢，干脆来一次秉烛夜游吧。

夜深人静。天上淡淡的浮云慢慢飘动，弯弯的月亮时而露出脑袋，时而躲在浮云的后面。一阵风吹来，灯火跳动，树影婆娑，花儿频频点头。在朦胧的夜色中，在幽静的池塘边，张先看着那月、那云、那花、那影，不禁触景生情，吟咏了一首《天仙子》。

天　仙　子

《水调》数声持酒听，午醉醒来愁未醒。送春春去几时回？临晚镜，伤流景，往事后期空记省。　　沙上并禽池上暝，云破月来花弄影。重重帘幕密遮灯，风不定，人初静，明日落红应满径。

这首词很有名，尤其是“云破月来花弄影”，几乎是家喻户晓，人人皆知。

有一天，任工部尚书的宋祁去拜访张先（张先时任都官郎中），叫人通报说：“尚书欲见‘云破月来花弄影’郎中。”张先听后，急忙跑到大门口迎接，问客人道：“您莫非是大名鼎鼎的‘红杏枝头春意闹’尚书？”宋祁打趣道：“我正是那‘闹’尚书。”二人相视而笑，一见如故，谈得很投机。

宋祁对张先说：“现在，京城里都称呼您为‘张三中’，不知是什么缘故？”

张先说：“我的《行香子》中有‘心中事，眼中泪，意中人’的句子，大概因此而来。”

（我们也搞个插曲，先来看看张先张子野的这首《行香子》。）

行　香　子

舞雪歌云。闲淡妆匀。蓝溪水、深染轻裙。酒香醺脸，粉色生春。更巧谈话，美情性，好精神。　　江空无畔，凌波何处，月桥边、青柳朱门。断钟残月，又送黄昏。奈心中事，眼中泪，意中人。

（接着听他们两个聊。）

“不过，我对这个绰号并不满意。”张先接着说。

“为什么不满意？还有更好的吗？”

“还不如叫我‘张三影’，这样更贴切。”

宋祁大惑不解：“哪‘三影’？请指教。”

张先扳着指头说：“‘云破月来花弄影’，‘娇柔懒起，帘压卷花影’，‘柳径无人，堕絮飞无影'，这些都是我平生得意的句子，其中都有一个'影'字。因此，称我'张三中'，还不如叫我'张三影'。"

从此以后，人们就称张先为张三影。下面我们看看另外两影的原词。

归 朝 欢

声转辘轳闻露井，晓引银瓶牵素绠。西园人语夜来风，丛英飘坠红成径。宝猊烟未冷，莲台香蜡残痕凝。等身金，谁能得意，买此好光景。　粉落轻妆湿玉莹，月枕横钗云坠领。有情无物不双栖，文禽只合常交颈。昼长欢岂定，争如翻作春宵永。日曈昽，娇柔懒起，帘压卷花影。

剪 牡 丹

舟中闻双琵琶

野绿连空，天青垂水，素色溶漾都净。柳径无人，堕絮飞无影。汀洲日落人归，修巾薄袂，撷香拾翠相竞。如解凌波，泊烟渚春暝。

采绦朱索新整。宿绣屏、画船风定。金凤响双槽，弹出今古幽思谁省。玉盘大小乱珠迸。酒上妆面，花艳媚相并。重听。尽汉妃一曲，江空月静。

在张先的诗词中，"影"用得比较多，其中有名的共六句，除了上面介绍的"三影"之外，分别是："浮萍破处见山影"（《华州西溪》诗）、"隔墙送过秋千影"（《青门引》词）、"无数杨花过无影"（《木兰花·乙卯吴兴寒食》词）。

宋祁是晏殊的门生，是个美男子，前面提到的"红杏枝头春意闹"，是其《木兰花》中的名句。

木 兰 花　　　　宋祁

东城渐觉风光好，縠皱波纹迎客棹。绿杨烟外晓寒轻，红杏枝头春意闹。　浮生长恨欢娱少，肯爱千金轻一笑。为君持酒劝斜阳，且向花间留晚照。

回天转地碧牡丹

晏殊爱才重才，故与文士交往密切，与当时的著名词人张先张子野交往甚密。晏殊曾做过京兆尹之职（首都的市长），聘请张子野做他的判官（类似于秘书长）。这时，晏殊新纳了一妾，非常宠爱。这个妾年轻貌美，精通音乐，歌喉清亮浑厚，而且识谱能力很强。

北宋初期，上层社会生活非常奢靡，家中如果没有几名姿容俏丽、能歌善舞的美人侍奉酒宴，主人就会觉得没面子。

晏殊和张先都是著名词人，风格相近，二人只要到一起，就会切磋词艺。张先一有新作品，便立即到晏殊家，将标有曲谱的新词交给晏殊的那位宠妾。那宠妾果真有本事，看上一两遍就能演唱，而且字正腔圆。晏殊和张先一边打拍子，一边低声唱和，时不时还饮上几杯小酒，真是惬意极了。

这一天，张先又拿着新词来了。晏殊照旧设宴招待。张先又要那位宠妾唱新词，可宠妾不在。晏殊十分为难，他告诉张先，他的夫人不满意她，于是将她赶出了府门，所以今天就不能遂你所愿了。

张先听罢，也无可奈何，只是苦笑着摇了摇头。没有办法，只好找一位官妓来唱。但她唱的实在一般，根本就没法和那位宠妾比。张先心猿意马，越想越觉得那位宠妾好，情不自禁，即兴创作了一首《碧牡丹》。

碧 牡 丹

步障摇红绮，晓月坠，沉烟砌。缓拍香檀，唱彻伊州新制。怨入眉头，敛黛峰横翠。芭蕉寒，雨声碎。　　镜华翳，闲照孤鸾戏。思量去时容易。钿合瑶钗，至今冷落轻弃。望极蓝桥，但暮云千里。几重山，几重水。

这首词描写了那个宠妾被驱逐出去的情形：一个雨夜，雨打芭蕉，天都快亮了，更增添了几分寒意，那个忧愁的她，却愁容满面，难以入睡。都怨自己命苦，那笑意融融的日子才过去不久，转瞬就成了梦境。那地方分明只是一桥之隔，却如千山万水。清冷寂寞的生活，没完没了；心中可意的人儿，竟是水月镜花。

晏殊看完词，幡然醒悟。人生就像那早上的露水转瞬即逝，应当及时行乐，没有必要自讨苦吃。于是马上派人带着银钱把那位宠妾接了回来，重整宴席。那位宠妾深情地为张先演唱了这首《碧牡丹》。情真意切，凄婉清凉，却也透出了几分甜味。

晏殊是个神童，十四岁就参加进士考试，并一路过关斩将，一直到最后参加殿试，被赐进士出身。他虽然在政治上没有什么建树，但为人正直，爱奖掖人才。北宋仁宗朝号称多士，人才济济，便与他执政时的奖掖提拔有关。

有一次，晏殊路过扬州，住到了大明寺，寺中的墙壁上有许多游人题写的诗词。晏殊边走边看，不一会儿就累了，叫下面的人给他读，他则半眯着眼睛，缓缓地走。

有一首诗引起了晏殊的注意，便问作者是谁，跟班的回答说是江都县尉王琪。晏殊想，能写出这样的诗，一定很有学问，何不当面试一试。于是叫人将王琪请来。

他们先是同桌吃饭，再是并肩散步，二人谈得十分投机。晏殊说："我很喜欢诗，每想到好的句子，就把它写在自家的屏风上，等以后想到好句子，再把诗续完。现在就有这么一句，我非常喜欢，可一直没有想出一个好的对句，要不你来试一试。这上句是'无可奈何花落去'。"

王琪听罢，略加思索，说："何不对'似曾相识燕归来'。"

晏殊一听，大喜过望。二人成了好朋友，王琪有了晏殊（是当时的总理）的推荐，在官场顺风顺水。

晏殊就以这两句为基础，完成了一首诗，叫《示张寺丞王校勘》。

示张寺丞王校勘

元巳清明假未开，小园幽径独徘徊。
春寒不定斑斑雨，宿醉难禁滟滟杯。
无可奈何花落去，似曾相识燕归来。
游梁赋客多风味，莫惜青钱万选才。

晏殊对这两句特别喜欢，在其词《浣溪沙》中又一次用上了它。

《浣溪沙》词意图——明刊本《诗余画谱》

浣　溪　沙　　　　晏殊

一曲新词酒一杯，去年天气旧亭台。夕阳西下几时回？　无可奈何花落去，似曾相识燕归来。小园香径独徘徊。

无物似情浓

张先年轻的时候，不知怎么的，认识了一位小尼姑，不久便打得火热。这事小尼姑的师父似乎有所察觉，但没有证据，也不便声张，就来了个严防死守。庵的后面有一个池塘，池塘中心的小岛上有一座小楼，白天，师徒寸步不离，晚上就让小尼姑住在楼上，亲自上好锁，便安心去休息。

老尼哪里知道，这小尼早已芳心暗许，她准备好梯子，在约定的时间放下梯子，二人玩够之后，张先再原路返回。

始乱终弃是才子们的专利,张先也不例外。总是这样偷偷摸摸、提心吊胆,也不是个事儿呀。时间一长,张先的兴趣也淡了许多,更何况外面的世界很精彩。张先撂下小尼姑远走他乡,去找另外的MM了。这可苦了小尼姑,张先是她的唯一啊,相思成灾,人比黄花瘦。

风流才子嘛,虽然不能专一,不能坚持,但感情是很丰富的。张先也时常回味那浪漫的一段,便以小尼姑的语气,写了《一丛花令》。

一丛花令

伤高怀远几时穷?无物似情浓。离愁正引千丝乱,更东陌、飞絮蒙蒙。嘶骑渐遥,征尘不断,何处认郎踪! 双鸳池沼水溶溶,南北小桡通。梯横画阁黄昏后,又还是、斜月帘栊。沉恨细思,不如桃杏,犹解嫁东风。

虽然张先不仗义(不能太苛责张先,当时的社会风气就那样),但他是真诚的,他知道给对方造成了深深的伤害,"不如桃杏","犹解嫁东风"。

欧阳修与张先是同年考中的,按当时的说法,他们是同学。张先是个小官,一直在南方混,而欧阳修是朝廷要员,自然难得一见。这不,机会来了。张先到京出差,办完事还有一点时间,便来看这位老同学。

欧阳修听说张先来访,高兴坏了,急忙去大门口迎接,慌乱中竟然穿倒了鞋。府上的人很纳闷,一个小小的七品官,值得大人这样吗!欧阳修,多聪明的人,一眼就看出了问题,便大声向大家介绍说:"这就是我平常给你们说的'桃杏嫁东风郎中'。"

乖乖,原来如此。

从此以后,张先又多了一个绰号:"嫁东风郎中"。

花影闲相照

这是一个非常凄美的故事。

她叫媚卿,京城风月场中名人,和她的名字一样,生得妩媚至极。自那年杏花街花魁会后,就成了京城男子心目中的女妖。

可她实实在在是良家女子,一个破落世家的千金。瘦死的骆驼比马大,虽然家无兄姊，父母早亡，却也有万贯家财任她挥霍。没了严父的管教，只有奶妈的宠溺，这般妖娆的女子常年混迹在风月场所，谁还会信她呢？

“小姐，夜深了，去睡吧。”

夜深露重时，小轩窗上那窈窕的身影旁印上了另一个纤细的身影。侍儿翠儿怜惜地给她披上了一件轻裘，聪明的丫头知道媚卿心里很苦，这苦只可意会不可言传，她唯一能做的就是打断她的冥思。

“你说，我真的错了吗？”

媚卿回头，那深海般的眸子里，两滴晶莹的泪盈盈坠下，翠儿的心便如那滴落的泪珠，碎了。

是呀，媚卿她错了吗？她天生一副好嗓子，不来唱曲儿，难道要呼奴斥仆？她天赋奇才，琵琶一曲泣鬼神，难道只能在深闺闲弄吗？长得美那是上天的恩赐，她口才机敏，那是博览群书后的个性张扬，这一切的一切难道就是放荡？难道就是她的错？

可是小姐，你怎么能冲隔壁王妈翻白眼？你怎么能当众抽蔡公子的耳光？你又怎么能泼湿张媒婆的绣花鞋呢？你呀，就不该生为女人。

“我要去找他，让他来疼我。”

陡然掀掉身上的轻裘，媚卿突然下定了决心，踢掉绣花鞋，倒在了床上。

倒在床上却睡不着，脑海里是时常读的他的那首《惜双双》。

惜双双 溪桥寄意

城上层楼天边路，残照里、平芜绿树。伤远更惜春暮，有人还在高处。　断梦归云经日去，无计使、哀弦寄语。相望恨不相遇，倚桥临水谁家住。

“相望恨不相遇，倚桥临水谁家住。”多情的句子，难道是为我而作吗？一定是！除了我媚卿，谁还能让那个风流才子这般遗恨？只是，他会和那般俗人一样计较我歌妓的身份吗？歌妓，虽然我卖艺不卖身，可也是一妓女呀。想到这，两行泪从眼角滑落。媚卿真不明白，好端端的一个千金小姐，怎么就因为选上花魁而被落了乐籍呢？她只知道她喜欢众星捧月的感觉，难道这也错了吗？想着想着，不知不觉已是月移中庭，院中花弄清影，柳影婆娑，望着这一园好景，媚卿想，明天也许是个阳光灿烂的日子，应该带上翠儿去玉仙观散散心。

第二天，天气果然晴好，就叫翠儿赶紧梳洗。听说玉仙观外的桃花开了，若在那桃花林里奏几曲琵琶，美人桃花配好曲，不也是道风景吗？而且，说不定，说不定还能遇上他呢！

媚卿与翠儿来到了玉仙观外的桃花林中，桃花林中桃杏混栽，片片桃花飞扬似血，纷纷杏花坠似雪花，再配上鲜衣丽色的媚卿怀抱琵琶，端的是人花相照，花衬人娇。

媚卿在桃林中弹着琵琶，她不知道，她日日念想的他——张先，真的往玉仙观来了。张先是被窗外的莺儿唤醒的，醒来见窗外一片大好春光，便叫了书童一起到玉仙观踏青。

经过桃花林时，听得林中有人在弹琵琶，音调婉转凄凉，似有相思之意，张先不由得放慢了脚步。林中人似乎与他心意相通，边弹边唱了起来：

诉 衷 情

花前月下暂相逢。苦恨阻从容。何况酒醒梦断，花谢月朦胧。花不尽，月无穷。两心同。此时愿作，杨柳千丝，绊惹春风。

会是谁呢？是那个名动京师的妩媚女子吗？

琵琶声已歇，接着一串清越的琴声飘了过来。张先再也忍不住心中的好奇，直入林中。

此时媚卿正随着翠儿的琴声翩翩起舞，腰肢无力，似弱柳扶风；玉臂轻旋，若白莲初绽。舞到极致，但见花随人舞，人似花影，一曲终了，衣袂旋止，片片落花恋恋地直扑人衣。好美！

“姑娘好舞！”

媚卿闻声望去，但见那清逸男子含笑而立，媚卿做梦也想不到，会在这样的情景中相遇，不由得羞红了脸，低下了头。

“你是谁？竟敢偷看我家姑娘练舞。”侍儿却不领会两人的心思。

“能借姑娘瑶琴一试吗？”

张先并不理会翠儿，却躬身侧向翠儿手中的瑶琴。翠儿又要发怒，媚卿却含笑点了点头。张先不但诗词风流，而且琴技一流，媚卿有心一试。

张先接琴席地而坐，双手一拨，一串高山流水泠泠而出。原以为接下来能听一首好曲，谁知张先将这高山流水的调琴音反复拨弄。媚卿眉头刚蹙，翠儿就将琴夺了过去。

“喂,你这人可真好笑,我家小姐好心将琴借你,你却拿来闲玩!”

“早闻媚卿姑娘的侍儿弹得一手好琴,而且是出了名的泼辣,今日一见,果不其然。”

张先一边拍打着衣上的落花,一边笑着起身,竟是头也不回地穿林而去。

张先虽然早已高中进士,却一直没能被重用,平日里诗酒风流也只是为排愁解闷,遇到名满京城的媚卿姑娘,本来心情大好,却无端招那丫环一顿奚落,猛然间生出一抹清愁。自己一个小小通判,岂是这些欢场女子能看得上的?媚卿才名在外,心高气傲,多少王孙公子都慕名而来败兴而返,我又何必凑这个热闹呢。

“什么人呐,连个招呼也不打!”

眼望着张先的背影消失在林子里,翠儿恨恨地跺了跺脚。

张先伤怀而去,媚卿心里更是五味杂陈。也不唱了,也不舞了,呆呆地坐在桃花林里。

“小姐,我们回吧,不值得为这样无情的人伤怀。”

翠儿看媚卿神情忧郁,心里生生地疼。

如果媚卿性儿软些,柔些,如果张先再散漫些,用情再多一些,如果他只求曾经拥有不问天长地久,或许这对才子佳人真能成就一段佳话。

自此,这对原先相互倾慕的才子佳人终成陌路,所有的一切都断送在了那一面之缘。相见争如不见?

谢池春慢

玉仙观道中逢谢媚卿

缭墙重院,时闻有、啼莺到。绣被掩余寒,画阁明新晓。朱槛连空阔,飞絮知多少?径莎平,池水渺。日长风静,花影闲相照。

尘香拂马,逢谢女、城南道。秀艳过施粉,多媚生轻笑。斗色鲜衣薄,碾玉双蝉小。欢难偶,春过了。琵琶流怨,都入相思调。

“欢难偶,春过了,琵琶流怨,都入相思调。”自此后,张先每想起媚卿的倩影,只有将满腹相思化入那纤肠百转的琵琶曲里了。

移得绿杨后院栽

张先曾在歌舞厅认识了一位叫“绿杨”的歌妓，她体形苗条，舞姿优美，张先便出钱将她买回家中，家里人都称她为“六娘子”。

绿杨进了张府后，张先对其宠爱有加，便冷落了其他妻妾。别人也不是吃素的，更何况是一帮“醋瓶”。她们一合计，乘张先不在家，将绿杨赶出了张府。众怒难犯，张先只能默认，唯一能做的就是写一首怀念的词，托人送给绿杨。

蝶恋花

移得绿杨栽后院，学舞宫腰，二月青犹短。不比灞陵多送远，残丝乱絮东西岸。　几叶小眉寒不展，莫唱《阳关》，真个肠先断。分付与春休细看。条条尽是离人怨。

这还不算，张子野先生，八十多岁时，仍在家中蓄妓，苏轼曾出联调侃。

诗人老去莺莺在，公子归来燕燕忙。

张先并不在意，对自己强壮的身体很自信，回应苏轼说：

愁似鳏鱼知夜永，懒同蝴蝶为春忙。

你们有老婆，而我光棍一条，真是饱汉不知饿汉饥。我身体这么好，不找几个女人，难道要活活憋死我？

张先真是说得出，做得到。八十岁时又正式纳了一个妾，这妾十八岁，比张先小六十多岁。与张先共同生活的八年间，又为张先生了两男两女。张先共有十子两女，最大的儿子与最小的女儿，正好相差六十岁。

还是苏轼，问张先：“八十岁结婚，有何感受呢？”张先答道：

我年八十卿十八，卿是红颜我白发。
与卿颠倒本同庚，只隔中间一花甲。

苏轼也是一首诗：

十八新娘八十郎，苍苍白发对红妆。
鸳鸯被里成双夜，一树梨花压海棠。

梨花白色，海棠鲜红娇嫩，白发老头娶红颜少女，当真是“老牛吃嫩草”。尤其是那个“压”字，暧昧得让人脸红。

诗趣朦胧花弄影，词风婉约老逢春。

这就是张先。

欧阳修 此恨不关风与月

欧阳修是贫苦出身，四岁时父亲就去世了，其启蒙教育只好由母亲来完成。由于穷，就用荻草秆当笔，大地当纸，学字练字。这就是“画荻教子”的典故。欧阳修读书主要靠借，由于来之不易，往往是一边读一边抄，读完了，抄完了，也背下来了。

在欧阳修所读的书中，《昌黎先生文集》对他的影响最大，他又通过苏轼兄弟、曾巩等北宋文坛大师级的人物，革新了文风。他是当时公认的文坛领袖。

欧阳修像

欧阳修不是保守派，他曾与范仲淹、韩琦、富弼等积极推行“庆历新政”，他心中的改革是积极稳妥的。因此，他反对王安石变法，更反对“青苗法”，他曾在请示未果的情况下，擅自做主，在自己管辖的地盘上停止执行“青苗法”。

欧阳修的一生都比较淡定，在朝廷时，只求做事，不求升迁。即是被贬，也能坦然面对。比如被贬滁州，寄情于山水之间，写下了《醉翁亭记》，从中丝毫看不出郁郁不得志的心理。虽然自称醉翁，却只有三十八岁，正是年富力强之时。

欧阳修晚年自号六一居士，“六一”就是六个一的意思，是说他的藏书有一万卷，金石遗文一千卷，有一张琴、一局棋，时常备着一壶酒，再加自己这个老头，合起来共是六个一。

在学术领域，欧阳修的贡献主要在文史领域，但我们这本书是讲词的，只能忍痛割爱。欧阳修的词主要是小令，风格承袭花间派，如《蝶恋花》。

蝶 恋 花

庭院深深深几许？杨柳堆烟，帘幕无重数。玉勒雕鞍游冶处，楼高不见章台路。 雨横风狂三月暮，门掩黄昏，无计留春住。泪眼问花花不语，乱红飞过秋千去。

词中写了景，写了情，情景相融无间，以深邃的居室烘托深邃的感情，以灰暗凄惨的色彩渲染孤独伤感的心情。

山色有无中

公元1048年，四十出头的欧阳修，从滁州调到了扬州。扬州城西北五里有座大明寺，大明寺西侧有个山岗，气势雄伟，风景壮丽。欧阳修看准了这个地方，修建了一座别墅，叫平山堂。坐在堂中，南望诸峰，正好与堂前的栏杆相平，所以叫平山堂。这是个休闲度假的好地方，欧阳修时常与朋友在此饮酒赏景，谈诗论文。也正是这一时期，欧阳修亲自在堂前种了一棵柳，人称欧公柳。

时间过去了整整八年（1056年），欧阳修早已离开扬州回到了京城，他的朋友刘敞（字原甫）要去扬州赴任，欧阳修便设宴送别。作为前任，欧阳修既不介绍风土民情，也不介绍经济发展，而是隆重推荐了平山堂，可见平山堂在欧阳修心中的位置。有词为证。

朝　中　措

送刘仲原甫出守扬州

平山栏槛倚晴空，山色有无中。手种堂前垂柳，别来几度春风。文章太守，挥毫万字，一饮千钟。行乐直须年少，尊前看取衰翁。

公元1079年，欧阳修已经逝世（1072年），他的学生苏轼从徐州调到了湖州，上任时途经扬州，便来到了平山堂，面对先生的笔迹，缅怀先生的一生，怀念与敬意油然而生，便写下了《西江月》一词。

西　江　月　平山堂　　　　苏轼

三过平山堂下，半生弹指声中。十年不见老仙翁，壁上龙蛇飞动。 欲吊文章太守，仍歌杨柳春风。休言万事转头空，未转头时皆梦。

师徒二人都是巨匠,都有诗作,平山堂顿时声名鹊起,成了旅游热点,不亚于今天海南的天涯海角。按说故事到这里该结束了,可又有好事者,就爱钻牛角尖,说,从平山堂看南面的山,能看得清清楚楚,可在欧阳修眼中,是“山色有无中”,也就是模模糊糊,似有似无。因此,他认定欧阳修是近视眼。

指责别人也就罢了,可欧阳修是谁?桃李满天下的文坛领袖,他的弟子有苏轼、苏辙、曾巩、程颢、张载、朱杰庭、吕惠卿、曾布、王韶、吕大钧等,随便一个都是重量级的人物。

苏轼自然也听到了。他当时在黄州,好友张梦得(即张偓佺)在江边修了一座亭子,请大家去喝酒庆贺,顺便给亭子取个名字。少不了开怀畅饮,激扬文字。

水调歌头　　　　苏轼

黄州快哉亭赠张偓佺

落日绣帘卷,亭下水连空。知君为我新作,窗户湿青红。长记平山堂上,攲枕江南烟雨,杳杳没孤鸿。认得醉翁语:“山色有无中。”一千顷,都镜净,倒碧峰。忽然浪起,掀舞一叶白头翁。堪笑兰台公子,未解庄生天籁,刚道有雌雄。一点浩然气,千里快哉风。

烟雨江南,山色空濛,可不是似有似无吗?不要像宋玉一样,不懂庄周的话,非要给风分出个雌雄。

好事者仍然不服,烟雨江南,骗谁呢?欧阳先生一开始就说了“平山栏槛倚晴空”,一碧万里的晴空,何来山色空濛。

愚,愚得像“智叟”。

是咬文嚼字,还是吹毛求疵。

一天之内,可以有阴、晴两种天气,这很正常,谁都经历过。平山堂,晴时可以避暑纳凉,阴雨时可看烟雨江南,将两个很有特色的景象浓缩于一首词的两句中,正是欧阳修的高明之处。

欧阳修的这首《朝中措》流传很广,影响很大,就连一般的歌妓也能即兴演唱。南宋时,有一宰相过生日,自然是大摆筵席,也有歌女助兴。歌女中有这么一位,将欧阳修的《朝中措》改了几字,作为祝寿之词,唱给了宰相大人。效果很好,大人很高兴，歌妓获得了很多赏赐。

朝中措(改欧阳修词)　　　**都下妓**

屏山栏槛倚晴空，山色有无中。手种庭前桃李，别来几度春风。文章宰相，挥毫万字，一饮千钟。行乐不须年少，尊前看取仙翁。

看来，拍马屁是能拍出实惠的，可这样乱改一气，欧阳先生会怎么想呢？好在那时没有《著作权法》。

待得月华生

欧阳修年少才高，二十四岁考中进士，二十五岁就做了西京留守推官，一个副县级的干部。西京就是洛阳，是相对于汴京（开封）而言的，是繁华的大都市（仅次于汴京）。

洛阳留守叫钱惟演（这个人很有名，我们待会儿再说），在一个阵雨初霁的晚上，他要举办一个盛大的宴会，邀请了当时在洛阳的著名人物，如梅尧臣（梅圣俞）、尹洙（尹师鲁）、谢绛（谢希深）等，还有到任不久在文坛崭露头角的欧阳修。当然，也少不了歌妓，如翠环——欧阳修的红粉知己。

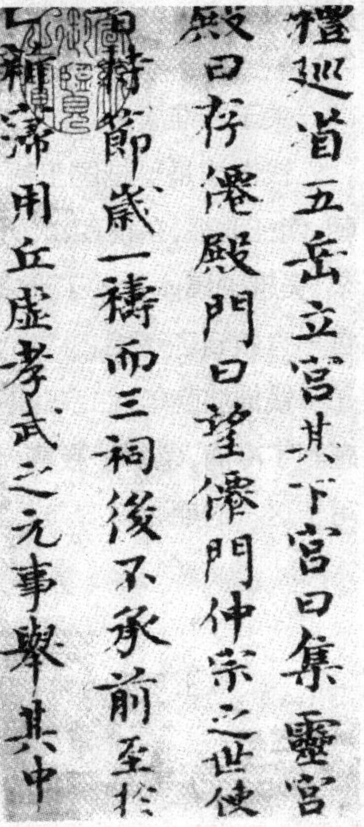

欧阳修书法

正因为晚上要参加同一个宴会，欧阳修和翠环便早早约会，打算一番浪漫之后一同赴宴。可时间对他们太小气，过得太快了，稍不留神，就迟到了。

大堂中灯火通明，香烟缭绕。人都到了，凉菜也上齐了，就是不见欧阳修、翠环二人，大家都眼巴巴地盯着大门口。钱惟演也是无可奈何，实在等不住了，站起身正准备发表祝酒词，二人到了，真是寸啊。

众目睽睽之下，二人不免有些尴尬，特别是翠环，羞涩中还有几分恐慌。对于欧阳修，钱惟演不好说什么，但已经站起来了（实在是赶得巧），目光一转，对翠环说："为什么迟到了？"翠环答道："只因为天气热，在凉亭乘凉时睡着了，醒来时发现金钗丢了，左找右找也没找着，所以耽搁了。”

乘凉睡觉时丢了金钗，谁信呢。

“这个理由不充分，除非欧阳推官能据此作一首词，由你来唱给大家，如果大家满意，我就赏你一支金钗。”

此情此景，欧阳修无法推托。翠环也在一旁用期待的眼神看着他。

临　江　仙

柳外轻雷池上雨，雨声滴碎荷声。小楼西角断虹明。阑干倚处，待得月华生。　燕子飞来窥画栋，玉钩垂下帘旌。凉波不动簟纹平。水精双枕，旁有堕钗横。

词写得好，歌唱得好，大家都很高兴。翠环也得到一支崭新的金钗。

钱惟演出身帝王之家，也很看重欧阳修的才华，可有不少人对欧阳修的不拘小节看不惯，时常在钱惟演面前嘀咕，大概钱也有类似的看法，就编了这么一个故事。

关于钱惟演也有一则故事。

钱惟演是吴越国王钱俶的儿子。当年赵匡胤陈桥兵变，黄袍加身，建立宋朝，南征北战，东征西讨，为一个统一的大宋辛勤地努力着。未费赵家的一兵一卒，吴越国集体并入了大宋，这令赵匡胤非常感动，对钱家优宠有加。钱惟演做官一直做到了宰相。

钱惟演晚年，仁宗时期，因搅入仁宗的生世之谜，被罢相削官，回家隐居。他感到了冷清，感到了寂寞，感到了无聊和空虚，开始借酒浇愁。他的《玉楼春》就写于这一时期。

玉　楼　春

钱惟演

城上风光莺语乱，城下烟波春拍岸。绿杨芳草几时休？泪眼愁肠先已断。　情怀渐觉成衰晚，鸾镜朱颜惊暗换。昔年多病厌芳尊，今日芳尊惟恐浅。

此词写成后，钱惟演每饭必酒，每酒必听这首歌。

他家后院有一座小房子，住着一个老妇人，是他父亲的侍妾，名叫惊鸿，资深美人。她听到这首歌后很诧异，说："先王快要辞世时，也唱过一首《玉楼春》，有'帝乡烟雨锁春愁，故国山川空泪眼'的句子，如今老爷也作这种调子的词，莫非也将不久于人世？"

一语成谶。不久，钱惟演就去世了。

画眉深浅入时无

公元 1056 年，欧阳修五十岁。那年正月，他奉命出使契丹，返回途经北京时，受到了河北安抚使贾昌朝的热情接待。照例，宴会上会有许多官妓歌舞助兴。为郑重其事，贾事先对歌女当面嘱咐，可歌女们唯唯诺诺，闪烁其词。这令贾大人很不高兴，以为她们都是山野村女，没有文化，就连说话也让他听不懂。

没有办法，只能这样了。

（各位看官，贾大人是南方人，他听不懂北方话。）

宴会正式开始了。歌女们捧着酒杯，唱着歌曲，一个个满面春风，笑逐颜开。可贾大人一句也听不懂，着实有些郁闷。再看欧阳先生，把盏侧听，摇头晃脑，听得津津有味，喝得痛快淋漓。

这是为什么呢？贾大人悄悄地把歌妓叫到跟前，连说带比划，才弄清了，原来她们唱的都是欧阳修的词。

这说明，欧阳修的词在当时是相当流行的。我们也不知道，她们到底唱了什么，因为写这个故事的陈师道没有说。下面这两首词，的确是欧阳修的名篇，也许她们当时真的唱了。

南歌子

凤髻金泥带，龙纹玉掌梳。走来窗下笑相扶，爱道画眉深浅入时无？　弄笔偎人久，描花试手初。等闲妨了绣功夫，笑问"鸳鸯两字怎生书？"

玉楼春

尊前拟把归期说，欲语春容先惨咽。人生自是有情痴，此恨不关风与月。　离歌且莫翻新阕，一曲能教肠寸结。直须看尽洛城花，始共春风容易别。

晴碧远连云

这是一则词坛佳话。

有一天，梅尧臣到欧阳修家中做客，有一帮文人在聊天，说林逋林和靖有一首词叫《点绛唇》，写得特别好。

点 绛 唇

林逋

金谷年年，乱生春色谁为主？余花落处，满地和烟雨。　又是离歌，一阕长亭暮。王孙去。萋萋无数，南北东西路。

确实写得不错，可梅尧臣不服气，当场作了一首《苏幕遮》，也是咏春草的，想和林和靖较个高低。

苏 幕 遮

梅尧臣

露堤平，烟墅杳。乱碧萋萋，雨后江天晓。独有庾郎年最少。窣地春袍，嫩色宜相照。　接长亭，迷远道。堪怨王孙，不记归期早。落尽梨花春又了。满地残阳，翠色和烟老。

欧阳修读后，拍案叫绝，可要说谁更胜一筹，却有些为难，于是自己也作了一首，同样是咏春草的，词牌是《少年游》。

少 年 游

欧阳修

阑干十二独凭春，晴碧远连云。千里万里，二月三月，行色苦愁人。　谢家池上，江淹浦畔，吟魄与离魂。那堪疏雨滴黄昏，更特地、忆王孙。

这三首词都不错，虽然都是咏春草的，可都没有出现草字。王国维认为是咏春草的绝调。

很有意思，不禁令人想起了“旗亭画壁”的故事。

逸马杀犬于道

欧阳修不仅是伟大的文学家，还是著名的史学家。二十四史中的《新唐书》是他和宋祁共同完成的，《新五代史》则是他独立完成的。

先讲一个小段子。

欧阳修在翰林院上班期间，有一次和三个同事一起郊游，看到一匹飞驰而来的马踩死了一只狗。于是欧阳修让他们按写史的笔法记述这件事。甲说：“有黄犬卧于道，马惊，奔逸而来，蹄而死之。”乙说：“有黄犬卧于通衢，逸马蹄而杀之。”丙说：“有犬卧于通衢，卧犬遭之而毙。”欧阳修听后笑了笑，说：“像你们这样修史，一万卷也写不完。”三人连忙请教。欧阳修说：“‘逸马杀犬于道’，六字足矣！”

这就是春秋笔法。

现在再来说说欧阳修和宋祁修《新唐书》的故事。

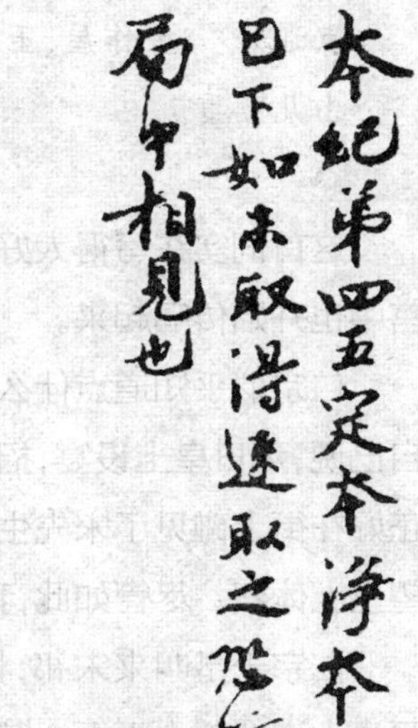

欧阳修墨迹

在仁宗执政期间，两人按照分工，分头编写《新唐书》，完稿后交给了仁宗。仁宗觉得宋祁的辞藻过于华丽，不够严谨，便让欧阳修修改。作为文人，宋祁的面子丢大了；作为臣子，就是没有完成任务。

过了一段时间，终于定稿了。欧阳修便向仁宗汇报，说：“宋祁宋大人的诗词，的确以浮华闻名。我仔细看了他写的《新唐书》，基本没有这方面的毛病，大都据实而写。因此，我改动的不多。”

仁宗说，很好，就这样吧。

“陛下，我还有一个请求。”

“哦，说说看。”

“对这部《新唐书》，我想和宋祁共同署名。”

现在看来，这就不是问题，但在以前，凡修史，只署一个人的名字，谁的官大就署谁的。因此，按例，只能署欧阳修一人。

欧阳修的理由是，虽然皇上让我全面负责，但大部分内容却是宋祁写的，我不能把别人的东西据为己有，一人独贪天功。

仁宗到底是开明皇帝,破天荒,同意了欧阳修的请求。

这让宋祁非常感动。

关于这个宋祁,还有一则很有趣的故事。

宋祁,字子京,是北宋著名的词人。宋祁有一天上街,正好碰上了从宫廷里出来的车子,车上有一个绝色女子,掀开帘布,看了宋祁一眼,说“小宋吗?”这一喊让宋祁浮想联翩,但人家是宫中之人,要想再见上一面,谈何容易。不得已,将千思万想,注于笔头,写了一首《鹧鸪天》。

鹧　鸪　天　　宋祁

画毂雕鞍狭路逢。一声肠断绣帘中。身无彩凤双飞翼,心有灵犀一点通。　金作屋,玉为龙。车如流水马如龙。刘郎已恨蓬山远,更隔蓬山几万重。

这首词实在写得太好了,很快就成了流行歌曲,大街小巷无人不唱。不久,宫中也开始传唱起来。

仁宗似乎知道点什么,就让管事的太监去查,看是谁叫的“小宋”。有一宫女自己说,那日皇上设宴,招待翰林学士,听一个公公说某某就是宋祁。一日出宫,正好在街上碰见了宋先生,未及多想便喊了一声“小宋”。我的确不是有意的,万望皇上体察。尽管如此,我还是有罪的,请皇上发落。

仁宗于是叫来宋祁,将这个过程给他讲了一遍。宋祁非常羞愧,无地自容。可皇上说:“蓬山不远。”就把这个宫女送给了他。

秦观在失意中抑郁而死。苏轼在失意中完成了他自己,坚守到老,不改初衷,也开心到老,学习到老。欧阳修在失意中、苦难中消遣到底,他最好的文章几乎都是官场不顺利的时候完成的。比如在滁州,不到四十岁的人,自称醉翁,不是游山玩水,就是写诗作文。

那时的交通不方便,一次工作调动,卸任、上任,至少是两次长途旅行,再加上去京城述职或回家探亲,起码是四次以上的长途劳顿,像欧阳修一样,工作调动频繁些,当真能游遍天下。难怪欧阳先生对旅途和旅馆,不但熟悉,还深有体会。如若不信,请读下面的词。

踏莎行

候馆梅残，溪桥柳细，草薰风暖摇征辔。离愁渐远渐无穷，迢迢不断如春水。　　寸寸柔肠，盈盈粉泪，楼高莫近危阑倚。平芜尽处是春山，行人更在春山外。

公元1071年，欧阳修退休，时年六十五岁，住在颍州（今安徽阜阳），前后写了一十三首《采桑子》，前十首专咏西湖（当地的西湖）风光，清新流丽。后三首写身世，凄壮激越。这里我们选录两首。

采桑子

画船载酒西湖好，急管繁弦，玉盏催传，稳泛平波任醉眠。行云却在行舟下，空水澄鲜，俯仰留连，疑是湖中别有天。

采桑子

十年前是尊前客，月白风清。忧患凋零，老去光阴速可惊。　　鬓华虽改心无改，试把金觥。旧曲重听，犹似当年醉里声。

一年之后，即公元1072年，欧阳先生去世，谥文忠。

苏轼 千古风流人物

念 奴 娇 赤壁怀古

大江东去，浪淘尽、千古风流人物。故垒西边，人道是、三国周郎赤壁。乱石崩云，惊涛裂岸，卷起千堆雪。江山如画，一时多少豪杰！
遥想公谨当年，小乔初嫁了，雄姿英发。羽扇纶巾，谈笑间、樯橹灰飞烟灭。故国神游，多情应笑我、早生华发。人间如梦，一樽还酹江月。

这首词气魄宏伟，语言刚健，格调深沉，感情充沛，极富阳刚之美。它不仅是苏轼的代表作，也是豪放词的代表作，誉为“千古第一词”，毫不为过。

苏轼（1037—1101年），北宋文学家、书画家，字子瞻，号东坡居士，眉州眉山（今属四川眉山市）人。他在文学艺术方面堪称全才，其文汪洋恣肆，明白畅达，与父苏洵、弟苏辙合称三苏，与欧阳修并称欧苏，为唐宋八大家之一。其诗清新豪健，善用夸张比喻，在艺术方面独具风格，与黄庭坚并称苏黄。词开豪放一派，对后代影响巨大，与辛弃疾并称苏辛。擅长行书、楷书，为宋四家之一。

苏轼像

有一天，皇上与几位大臣聊天，说到苏轼时，皇上问身边的人：“在古人中，谁能与苏轼相比？”大家都认为只有唐朝的李白可勉强一比。然而皇上却说：“不，李白有苏轼之才，却无苏轼之学。”我认为这话是比较公正的。

由于我们这本书是说宋词的，因此，仅从词这个侧面来说苏轼。元好问《新轩乐府引》说：“自东坡一出，性情之外，不知有文字，真有一洗万古凡马空”之气象。

苏轼对自己的词也相当自信。在当时的词坛，超级大腕无疑是柳永，“凡有井水处，皆歌柳词”嘛。不过柳永的词是民间词，是属于流行乐坛的，其词其人都不被主流文人接受，所谓的主流文学界是不屑作词的，甚至将词称为“厕所文学”。有些人，如晏殊等，虽然也写些小令，但只是偶尔为之，而且讲究格调，生怕滑入市井的流行乐坛。苏轼却不然，他不仅写词，而且改变词，将词变成了堂堂正正的主流文学。

据说，这首《念奴娇·赤壁怀古》写成后，苏轼相当满意，就问文学爱好者：“我的词和柳永的词相比，怎么样？”回答说：“柳先生的词，适合十七八岁的女孩子，拿着红牙板唱‘杨柳岸，晓风残月’；而您的词，必须是关西大汉，手拿铁板唱‘大江东去’。”这话说得苏轼相当满意。这也说明，这首《念奴娇》确定了苏轼在词坛的领袖地位。

在苏轼等人的倡导下，词由流行歌曲的歌词，变成和诗一样的文学作品，登上了大雅之堂。但在追求雅、追求文学韵味的过程中，逐渐失去了其音乐的本性，有些甚至无法再唱了。不合音律的事，几乎成了词的通病，尤其是豪放一派的词，比如苏轼的这首《念奴娇》。

> 东坡“大江东去”词：“故垒西边，人道是、三国周郎赤壁。”论调则当于“是”字读断，论意则当于“边”字读断。“小乔初嫁了，雄姿英发。”论调则“了”字当属下句，论意则“了”字当属上句。“多情应笑我，早生华发。”“我”字亦然。又《水龙吟》：“细看来、不是杨花，点点是离人泪。”调则当是“点”字断句，意则当是“花”字断句。文自为文，歌自为歌；然歌不碍文，文不碍歌，是坡公雄才自放处。他家间亦有之，亦词家一注。
>
> （引自《古今词论》）

苏轼不是不懂乐律，他知道词是用来唱的，只是他不愿过多地受乐律的束缚，更不愿因为乐律伤害词意或词的境界。

我们知道，滁州有座琅琊山，因为欧阳修游览过，更因为欧阳修的《醉翁亭记》，美丽的故事就一直传到了今天。琅琊山，空谷幽静，山川奇丽；鸣泉流瀑，声若环佩。

有一个名叫沈遵的人，兴趣广泛，精通音乐，既会作曲还会弹琴，还是一位“驴友”。欧阳修写完《醉翁亭记》十年之后，沈遵也来到了琅琊山，被秀美的山水深深吸引，便作了琴曲《醉翁吟》。再后来，沈遵见到了欧阳先生，便为先生弹奏了这首曲子。先生作了《醉翁引》，大致讲述了这个过程，遗憾的是《醉翁引》不合

《醉翁吟》的乐律。

又过了二十年，欧阳先生去世了，沈遵也离开了人世。庐山有一道士，名叫崔闲，精通琴理，常常遗憾《醉翁吟》有曲无词，便记了《醉翁吟》的谱子，寄给苏轼，请他给《醉翁吟》配词，于是便有了《醉翁操》。《醉翁吟》与《醉翁操》珠联璧合，为琴中之绝妙。

醉　翁　操

琅然，清圆，谁弹，响空山。无言，惟翁醉中知其天。月明风露娟娟，人未眠。荷蒉过山前，曰有心也哉此贤。　醉翁啸咏，声和流泉。醉翁去后，空有朝吟夜怨。山有时而童颠，水有时而回川。思翁无岁年，翁今为飞仙。此意在人间，拭听徽外三两弦。

一、也无风雨也无晴

苏轼是个典型的文人，坦率真诚，喜欢实话实说，是性情中人。林语堂先生为其作传时这样评价他："苏东坡是一个不可救药的乐天派，一个伟大的人道主义者，一个百姓的朋友，一个大文豪，大书法家，创新的画家，造酒试验家，一个工程师，一个憎恨清教徒主义的人，一位瑜伽修行者，佛教徒，巨儒政治家，一个皇帝的秘书，酒仙，厚道的法官，一位政治上专唱反调的人，一个月夜徘徊者，一个诗人，一个小丑。"

苏轼在翰林院上班期间，有一个叫毕公叔的朋友，见他过于直率，怕惹出麻烦，就写信劝他，信中写道："大凡言语之累，不仅仅是口中所说的，写诗作文，著书立说，都属言论。你现在只怕说错话，而不在意写诗作文，这很危险。议论对了，别人会说你有才。如若错了，即便是逆耳忠言，人家也会记恨你。更何况在官场，别有用心的人很多。你现在的身份，既不是谏官，也不是御史，一味仗理直言，不避是非，很像是抱着石头去救落水者，恐怕会适得其反呀！"

苏轼虽然从内心里感激毕公叔，但依然我行我素，直率议论。纵观他的一生，浮浮沉沉，都是拜其诗文所赐。人都说"江山易改，本性难移"，我从苏轼身上看到了这一点，更可贵的是他"不以物喜，不以己悲"。坦然面对，矢志不渝，成就了其伟大的一生。

如果苏轼也"老谋深算"，谨言慎行，最多也就是晏殊那样的"一代贤相"，整个中国文学史会缺失最灿烂辉煌的一页。

下面的这一组故事，我们试图从不同的侧面，还原一个真实的苏轼，一个性情中人。

这回还了相思债

杭州灵隐寺有一和尚，法名了然，不但不遵守戒律，而且十分好色，热恋一个叫李秀奴的妓女，长相往来，花完了所有的积蓄，最后竟连那空空的行囊也当了。风月场上，怎么会有真情，没有钱的了然被“势利”的秀奴拒之门外。没有了秀奴的了然，也就没有了灵魂，终日昏昏沉沉，没精打采，而且夜不能寐。

一天晚上，酒后的了然突然来了精神，虽是东倒西歪，却是乘兴而往，可结局还是一样，秀奴还是不要他，强行将他往门外推。真是酒壮尿人胆，这时的了然怒从心头起，恶向胆边生，挥拳踢腿，三下五除二，秀奴就一命呜呼了。

这可是人命关天，抓捕、审判，一应都按程序办理。苏轼当时是杭州市市长兼杭州中级法院院长，这种杀人抵命的要案，至少得中级以上的法院审判。提审是少不了的，不过倒也简单，因为了然对所犯罪行供认不讳。也许是为了得到法官的同情，了然脱掉百衲衣，指着臂上所刺的字说：“但愿同生极乐国，免教今世苦相思。”

这说明，了然和尚是个情种，但也证明他是故意杀人。任是苏轼也得按律判决，与众不同的是判决书，苏轼苏东坡先生所写的判决书是一首词。

踏 莎 行

这个秃奴，修行忒煞。云山顶上空持戒。一从迷恋玉楼人，鹑衣百结浑无奈。　毒手伤人，花容粉碎。空空色色今何在？臂间刺道苦相思，这回还了相思债。

山僧莫皱眉

苏轼在杭州工作期间，几乎每天都去西湖游览。这一天，天气不错，苏轼的心情也好，于是带着歌伎去看净慈寺的善本禅师。寺院乃佛门静地，何况你还带着歌伎，善本当然不高兴，不仅不招呼苏轼，还面带怒色。也许是交情深的缘故，苏轼并不在意善本的态度，当场作了一首词，并叫歌伎唱给善本听。

南柯子

师唱谁家曲，宗风嗣阿谁？借君拍板与门槌。我也逢场作戏、莫相疑。　溪女方偷眼，山僧莫皱眉。却嫌弥勒下生迟。不见阿婆三五、少年时。

这首词在各寺院迅速传播开来，人们议论纷纷，许多空门中人嘴上不承认，可心里认为苏轼说的是实情。有一和尚，法名仲殊，在苏州修行，听说后比较认同，便和了一首。

南柯子　仲殊

解舞清平乐，如今说向谁？红炉片雪上钳鎚。打就金毛狮子、也堪疑。　木女明开眼，泥人暗皱眉。蟠桃已是著花迟。不向春风一笑、待何时。

一屁蹦过江

关于佛印和苏轼，故事很多，这里讲一则趣闻，能够反映苏轼的率直和真诚。

一天，苏轼觉得自己参禅大有进步，就提笔写了一首禅诗，派书童过江送给在金山寺修行的佛印。诗云：

稽首天中天，毫光照大千。
八风吹不动，端坐紫金莲。

佛印看后，不动声色，只在诗稿反面写了一个字，叫书童带了回去。苏轼自以为佛印会对自己参禅的境界大加赞赏，便急忙打开看，想不到只是一个"屁"字！

苏轼脸都气青了，连忙过江找佛印理论。到了岸，上了山，进了庙，可佛印的房门紧闭。好吧，你也有怕的时候，怕就怕了嘛，逃什么。苏轼依然自信。走近房门，有一张小纸条，上面写着："你不是说'八风吹不动'吗？怎么一'屁'就蹦过江了！"

无语，真是无语！

苏轼反倒不生气了,参禅,看来还未入门;修行,看来无缘了。还是悄悄回吧。

黄犬卧花心

有一次,苏轼看见王安石的"明月松间叫,黄犬卧花心"的诗句,不觉好笑。悬在天空的明月怎么会叫?一只黄狗怎么能卧进花心呢?于是他顺手把原诗改成了"明月松间照,黄犬卧花阴"。

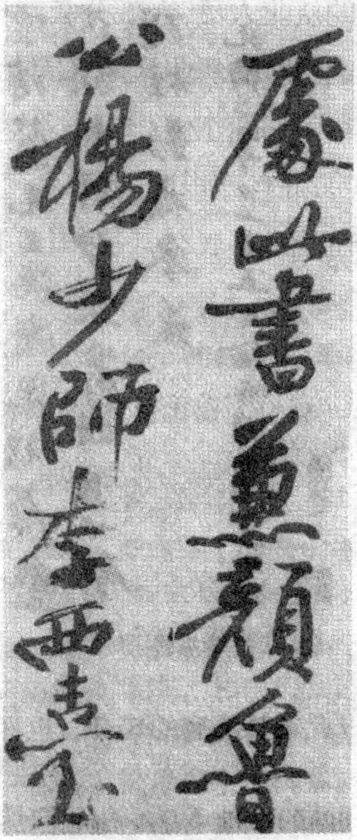

苏轼墨迹

后来在昌化,有一天,春日融融,百鸟争鸣,苏轼去郊游,看见一种奇异的小鸟,在天空中自由自在地飞翔鸣叫,声音悠扬婉转,清脆悦耳,逗人喜爱。他便向田里的农民询问:"那是什么鸟?"农民告诉他:"那是明月鸟。"他不禁一愣。继续往前走,发现路边有一种从来没见过的绛色的花,花心中有一条虫卧在那里。苏轼虚心地向过路的人问道:"这是什么花?"过路人热情地告诉他:"这是狗子花。"接着他又问:"花心中的虫是什么虫?"过路人笑着说:"是黄狗虫。这种虫常常钻进花心里去睡觉。"

这时苏轼才恍然大悟,自己孤陋寡闻,缺乏对实际生活的了解,凭主观臆断,反而把诗句改错了。

清风月满湖

苏轼的一生跌宕起伏,四处奔波,但一直都是国家公务员,或高或低,都是朝廷命官。有一次,他因公干经过京口,受到了当地政府部门的热情接待,盛大的宴会上还有官妓助兴。

在宋代,妓女不都是以卖身为职业的。大体上可分营妓、官妓、私妓、市妓、娼妓等。营妓为兵营所有,官妓由政府所养,实际上都是职业的陪侍人员,但卖艺不卖身。她们的人生没有自由,不能嫁人,不是老此一生,就是沦为娼妓。因此,这些人有些积蓄后都想获得自由身,就是从良、落籍。从良、落籍,一要花钱,二要官府批准。私妓由一定品级的官员蓄养,一般也不卖身,但可被主人纳为妾,或送给别人,或出籍(获得自由身份)后嫁人。市妓是私营职业陪侍服务机构的从业人员，大部分卖艺不卖身，但也有为利益而做暗娼的。娼妓才是公开做皮肉生意的从业人员。因此，对官妓、营妓、私妓有时也叫艺伎或伎女。

书归正传。参加这次宴会的官妓一个叫郑容，一个叫高莹，她们都想落籍从良，而且连申请书都写好了。因此，在宴会上拼命讨好苏东坡。东坡虽然很高兴，可就是不表态，只在申请书上题写了一首词。词曰：

减字木兰花

郑庄好客。容我尊前先堕帻。落笔生风。籍甚声名独我公。　高山白早。莹骨冰肌那解老。从此南徐。良夜清风月满湖。

眼看宴会就要结束了，苏大人也该说再见了，急得两位美女晕上双腮，香汗涔涔，更显妩媚动人。无奈之余，美女只好再次恳求苏轼。苏轼淡淡地说：“拿着申请去找你们的父母官吧！”郑容、高莹一脸迷茫，但也只好 bye-bye，再见。

原来，苏轼题写的是藏头词，即“郑容落籍，高莹从良”。落到谷底的希望变成了现实，郑容、高莹自然是心花怒放。

寂寞沙洲冷

卜　算　子

寓居定惠院作

缺月挂疏桐，漏断人初静。谁见幽人独往来，缥缈孤鸿影。　惊起却回头，有恨无人省。拣尽寒枝不肯栖，寂寞沙洲冷。

乌台诗案之后，苏轼被贬到了黄州，当了一个县一级的武装部副部长，还不是实职，就是不必到单位上班，只是领一份副县级的工资。实际上是在当地官员的监视下反思自己。

初到黄州的苏轼，孤身一人，无处栖身，只好住到定惠院。因为他是一个戴罪之人，众人都回避他，他也回避众人。寂寞的寺院正好让这个曾经不甘寂寞的人过着寂寞的生活，他就是那个“拣尽寒枝不肯栖”的孤鸿，不仅寂寞，也无人省。这不是苏先生消沉，而是怕再惹麻烦，尤其不愿别人沾染他的是非。因此，他尽量不见人，每天必须等到夜晚，才悄悄溜出寺门，到附近走走。

因此，这首词应是他当时生活的真实写照。

关于这首词，还有一个曲折的爱情故事。惠州有一个女孩子，名叫温超超，天生丽质，楚楚动人，虽年方二八，可就是不愿嫁人。这个美女知书达理，是苏轼的超级粉丝。听说苏轼要到惠州来，心里非常高兴，发誓非苏轼不嫁，每天夜里，都悄悄潜至苏轼窗下，偷听东坡读书吟诗，一有动静，便暗自逃去。

有一天晚上，月光皎洁，当苏轼吟诵正浓的时候，忽听得窗外有脚步声，推开窗户一看，一个绝色美女，亭亭玉立。苏轼把她请到了房里，她也不害羞，不仅与苏轼谈诗论文，还要求嫁给苏轼。

痛快，痛快得苏轼都傻眼了。对这样执着的美女，婉言拒绝当然不管用，苏轼便答应在“高考”之后明媒正娶。在苏轼也只是那么一说，是为了应一时之急，可对于温超超，则是终生不能违背的誓言。她拒绝一切求亲的帅哥，只是一味地等，等啊等，等到花儿都谢了，等来的却是苏轼与王弗的结合。

温超超郁郁而终，苏东坡漂泊一生。苏轼再次到惠州时，一个他和温超超的故事已传了很久。回首往事，苏轼唏嘘不已，便作了这首词。

这个故事虽然有出处，我仍然认为不靠谱。我倒是有一个猜想，初到黄州的苏轼有感而发，写了这首词，但又怕别人说是戴罪之人的牢骚，是他对朝廷的不满，于是自己糟践自己，编了一个子虚乌有的故事，讲给一些好事的文人。正因为那些好事的文人，故事才传到了今天。

当然，苏轼的朋友，为解脱他，粉饰虚演这么一个故事，也是完全有可能的。

二、难以追陪新进

公元 1079 年，元丰二年五月，苏轼由徐州调湖州，任一州的最高长官。按例，苏轼要向朝廷上表章，以示谢恩。在这份表章中苏轼写了这样的话：“知其愚不识时，难以追陪新进，察其老不生事，或可牧养小民。”正是“难以追陪新进”这句话激起了轩然大波，直接引发了“乌台诗案”。

当时朝廷的情况是：专政十余年的王安石已经黯然离京，处于权力中枢的吴充、王珪等人，无论领导才能，还是政治声望，都难以承担王安石所留下的重担。靠变法迅速崛起的舒亶、李定等人，是新法的既得利益者，最怕保守派司马光等人杀个回马枪，正惶惶不安。恰在这时，他们从朝廷的中央文件汇编上看到了苏轼的这篇表章。他们似乎感觉到了某种气息，或者是察觉到了某个机会，于是他们决定联手反击。可司马光闭门著书，绝口不谈国事，他们找不到把柄，于是他们想到了沈括。

沈括，字存中，浙江钱塘人，博学多才，天文、方志、律历、音乐、医药、卜算，无不通晓，在中国历史上，他是自张衡之后，第二个在正史中有传的科学家。

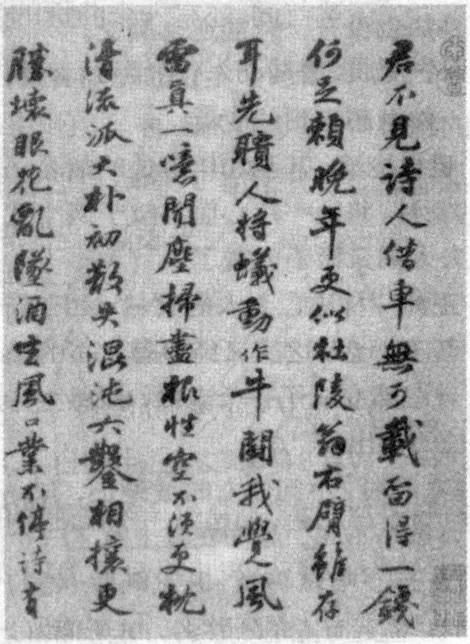

苏轼书法

沈括是伟大的科学家，但人品不怎么样，倒是喜欢搞些投机钻营的阴谋伎俩。公元1073年，即宋神宗熙宁六年，沈括作为两浙路访察使、亲领皇命的钦差大臣，开始了两浙的巡查。

苏轼当时任杭州通判，临行前神宗皇帝还特意交代沈括，要善待苏轼。沈括到杭州后，表面上与苏轼很亲热，一起回忆过去，畅想将来；一起把酒言欢，谈文论诗。临行时，还让苏轼为他誊写了几首近期的诗作，说是为了留作纪念。谁承想，一回到京城，沈括就琢磨苏轼的诗，采取望文生义、无限上纲的手段，逐首注解，说苏轼在诗中“讥讪朝政”，并作为他的访查报告的附件呈给了神宗皇帝。

苏轼与沈括并无过节，当时王安石的变法正如火如荼，而苏轼是反对变法的，沈括为了上得快一些，为了得到王安石的器重，就把苏轼当成了垫背的。当然，像沈括这样的人，因嫉妒而做出一些荒唐事，也在情理之中。

所幸神宗并没有理会沈括。

六年过去了，李定等人故伎重演，杀鸡儆猴。于是，倒霉的苏轼，祸从天降，做了新旧政变中的“替罪羔羊”。李定是什么人？是连母亲去世也不守孝的人，是王安石一手提拔起来的变法“新进”。

何正臣、舒亶、李定等人，从苏轼的诗作中选出一些句子，断章取义，吹毛求疵，充分发挥想象力，罗列所谓的罪证，采取群殴的办法，轮番上阵，一副誓不罢休的样子。我们在这里略举几例：

读书万卷不读律，致君尧舜知无术——苏轼是说自己没有把书读通，所以无法帮助皇上成为尧、舜那样的圣人；他们却说这是讽刺皇上没有能力教导、监督官吏。岂是闻韶忘解味，迩来三月无食盐——他们非要说这是苏轼讽刺皇上禁卖私盐。诸如此类，虽毫不讲理，却阴险歹毒，且狂轰滥炸。

神宗皇帝顶不住了，同意逮捕苏轼，由御史台审问。由于御史台也叫乌台，所以这一案件叫“乌台诗案”。

看到苏轼入狱，时任宰相的王珪也落井下石，对苏轼的诗句“根到九曲无全处，此间惟有蛰龙知”附会说，皇上飞龙在天，苏轼却要在九泉之下寻蛰龙，显然眼中没有陛下您。这还了得，目中没有皇上的臣子，还能叫臣子吗？扣“谋逆”的帽子是要苏东坡死呀！赵匡胤早就为大宋定了祖训，非叛逆谋反，一概不杀大臣。

当时在场的章惇，虽与苏轼政治立场对立，却是一个正人君子，连忙说：“不对，能用‘龙’字的，不仅仅是帝王，百姓大臣也可以呀。”神宗说：“自古称龙的多了，如莫氏八龙，孔明卧龙，不仅仅是指皇上。”一场灭顶之灾消于无形，我不禁想起了那句台词，人与人（沈括、章惇）的差距咋就那么大呢？

事后章惇质问王珪，你是要灭人家的族吗？王珪说是舒亶说的，章惇很气愤，大声吼道：“舒亶的口水你也吃吗！”呜呼！如此沆瀣一气的人执掌朝政，靖康之祸，恐怕从这时就开始了。

好在还有人为苏轼开脱，好在神宗不是昏君，好在还有神宗的母亲——光献太皇太后曹氏，好在王安石是个君子（曾对神宗说：“圣朝不宜诛名士。”）……

七月二十八日，苏轼在湖州被捕；八月十八日，入御史台监狱；十二月二十九日出狱。共四个月又十二天。

在苏轼入狱期间，还有两则故事，现摘录如下，信与不信，都在你自己。

苏轼入狱期间，一般都由长子苏迈送饭，可为了别处借钱，他不得不把送饭的事委托朋友；但苏迈忘了告诉朋友他们父子之间的约定：一般只送蔬菜和肉食，情况不好时就送鱼。苏迈的朋友第一天就送了鱼，这可把苏轼吓坏了，痛定思痛，还是交代后事吧，于是给苏辙写了两首诀别诗。诗自然是要检查的，神宗看后也深受感动，不禁为苏轼的才华所折服。好在这只是虚惊一场。

舒亶、李定等人来势汹汹，神宗虽然不完全相信他们的话，但心中还是有疑问的。他相信做了错事的人，心中会有愧疚，不免生出恐惧，表现为焦躁不安、言行失常；相反，如果一切坦然，必定是问心无愧。于是就派了一个小太监，装扮成犯人和苏轼共居一室。白天吃饭时，小太监用语言挑逗，可苏轼吃得津津有味，还说：“任凭天公雷闪，我心岿然不动！”晚上，他倒头就睡，虽有小太监的撩拨，但回答的却是鼾声。苏轼虽然通过了神宗的考验，可那一夜是凶险至极啊，要是苏轼有一点点牢骚，或有吃不香睡不好的举动，后果将不堪设想。

三、千里人长久

前面第一部分，我们通过几个片断，从不同角度反映了苏轼坦荡率直的个性；第二部分，大致介绍了乌台诗案，仍是通过一系列的故事来表现的；这一部分，我们想通过一组有关联的故事，来反映苏轼的爱情与家庭。

不思量，自难忘

王弗，苏轼的原配夫人，与苏轼结婚时她才十六岁，苏轼也只有十九岁。

王弗是一位聪明又沉静的女子，也有文化。苏轼读书时，她就陪着“终日不出去”，甚至苏轼偶有遗忘，她都能从旁提醒。在家侍奉父母，出嫁后侍奉公婆，都很恭谨。在苏轼最初仕官的日子里，她对年轻气盛的苏轼多有规劝，且关怀备至，堪称贤内助。

眉州青神县有一座中岩山，山上有一座中岩书院，当地的宿儒进士王方在书院主讲。当时的苏轼风华正茂，游学来到中岩书院，以其才学深受王方的称赞。师徒常去离书院不远的潭边观鱼，且拍手唤鱼。久而久之，鱼儿也习惯了，一听到掌声便会跃出水面。

现在的成都一带山清水秀，处处风光。把时间向前推上近千年，那种原生态的风光：清澈见底的潭，能识人性的鱼，青山绿树，鸣鸟飞红，还有老师和同学，还有师妹……这么美好的地方，应该有个好的名字。苏轼把想法告诉了老师，王方先生便邀请县内外的文人墨客搞了一个池名的投笺盛会。

大家酒也喝了，名也投了，可都庸俗之极，难入王先生法眼。唯独苏轼的“唤鱼池”三字，可谓风雅别致。巧的是，王方先生的女儿王弗，由于待字闺中，不便抛头露面，便自己在家中搞了一个微型模拟投笺会，她投的也是“唤鱼池”三字。

两个年轻人不谋而合，莫非就是天意。于是王方就将王弗许配给了苏轼。

一个正月的夜晚，月光皎洁，庭前梅花盛开，苏轼和夫人王弗在庭院散步。王弗说：“春月比秋月好，春月令人和悦，秋月则叫人伤感。为什么不叫上赵德麟他们，在这梅花树下喝一场呢？”苏轼听后非常高兴，说：“我本以为你不懂诗，可你刚才说的话，就是诗人的语言。”

苏轼不仅和赵德麟他们来了个一醉方休，还写了一首词，词曰：

减字木兰花

春庭月午。影落春醪光欲舞。步转回廊。半落梅花婉娩香。　轻云薄雾。都是少年行乐处。不似秋光。只与离人照断肠。

王弗与苏轼结婚十一年后不幸病逝，对苏东坡打击很大。又过了十年，苏轼辗转来到了山东，为密州太守。有一天晚上，苏轼梦到了王弗，醒来之后，仍然情不自禁，于是写下了那首非常著名的《江城子》。

江　城　子

乙卯正月二十日夜记梦

十年生死两茫茫。不思量，自难忘。千里孤坟，无处话凄凉。纵使相逢应不识，尘满面，鬓如霜。　夜来幽梦忽还乡，小轩窗，正梳妆。相顾无言，惟有泪千行。料得年年肠断处，明月夜，短松冈。

这是第一首悼亡词，至少是第一首经典悼亡词。

绿水人家绕

王弗去世时苏轼才三十岁，三年之后，苏轼再次结婚，娶的是王弗的堂妹，名叫王闰之。王闰之生性温柔，虽没有王弗的慧心识见，但在贤惠、顺从方面毫不逊色，相夫教子，操持家务，把一大家子料理得妥妥帖帖，令苏轼感动不已，还专门为王闰之写了一首词，叫《蝶恋花》。

蝶　恋　花

花褪残红青杏小。燕子飞时，绿水人家绕。枝上柳绵吹又少，天涯何处无芳草！　墙里秋千墙外道。墙外行人，墙里佳人笑。笑渐不闻声渐悄，多情却被无情恼。

二十五年后，即公元1093年，苏轼五十八岁，王闰之也弃苏轼而去。此时的苏轼，再次陷入了官场的倾轧，为避祸，他自请离京，到定州任职。然则“树欲静而风不止”，任是苏轼一再忍让，终不免一贬再贬，先是英州，再是惠州，最后竟到了海南的儋州，这实际上是流放，是仅次于杀头的处罚。

苏轼在惠州，已是孤家寡人，两位夫人都已不在人世，家妓也都纷纷离开，只有王朝云陪伴左右，侍奉茶水。一日，苏轼饮酒，让朝云唱这首《蝶恋花》，刚刚唱了几句，朝云竟泣不成声。苏轼询问原因，朝云说："我不能唱的是'枝上柳绵吹又少，天涯何处无芳草'。"的确，背井离乡，落木萧萧，食不果腹，举目无亲，唱这样伤感的词句，怎能不泣泪涟涟？此后不久，王朝云也去世了，从此，苏轼不再听这首词了。这是后话。

东坡朝云图

乌台诗案之后，王闰之一直在苏轼身边。虽然被贬，苏轼仍是笔不离手。王闰之非常不理解。因为写诗，让人抓到了把柄；因为写诗，给全家人带来滔天大祸。我没办法让你不写，但我有办法让它不存在，于是她把能找着的书稿一把火烧了。

好人王闰之做的这件事，苏轼也不理解，王弗肯定不会这么做，可王闰之真的错了吗？一个家庭主妇，她能担负的只能是一个家庭，苛求她背负社会的文化的历史责任，显然是不公平的。

我尽量想把故事讲得轻松些，可我自己时常喘不过气来。"诗人不幸国家幸"，国家幸就一定得诗人不幸吗？如果苏轼幸运点，做几年宰相，像晏殊一样，在官场上顺利地度过一生，那他还会是我们今天知道的苏轼吗？如果苏轼再不幸一点，逃不过"乌台"那一劫，还会有苏轼吗？时至今日，我们还要感谢那位开明的皇帝赵顼（神宗），这是什么鸟逻辑！

"我本将心向明月，奈何明月照沟渠。"诚哉斯言！

唯有朝云能识我

朝云是杭州人，姓王，家境贫寒。从小父母双亡，只留下姊妹二人相依为命，过着凄凉悲苦的生活。也是造化弄人，她俩虽然清贫，却是姿色艳丽、光彩照人的美女。

朝云是姐姐，原名子霞，妹妹叫子云。在一个黄叶纷飞的日子，姐妹二人实在生活不下去了，就走上街头卖自己。子云被王夫人（王闰之）收留做了丫头，帮着照料苏迈和苏迨。而朝云被牙婆卖到妓院成了风尘中人。好在她遇到了一个叫素娘的人，让她保持了清白。她聪明伶俐，歌喉婉转清幽，常在一些迎来送往的宴会上抛头露面。

一次，杭州政府换届，新旧太守交接，在"有美堂"举行的宴会上，有众多名流参加，新太守杨绘、前任太守陈襄、时任杭州通判的苏轼等官员之外，词坛名宿、八十二岁的张先也应邀参加。自然少不了陪酒助兴的歌妓。王朝云一曲"桃杏嫁东风"，清丽悦耳，使在座的人如听仙乐，久久回不过味来。

"桃杏嫁东风"是张先代表作《一丛花令》中的名句。

就在这次宴会上，苏轼认识了朝云，并知道了她就是子云的姐姐。朝云虽流落风尘，但其性情庄重不轻薄，爱慕的是风流才子，鄙薄的是凡夫俗子，虽有一些达官贵人看上了她，她却坚守着心中的那个"他"，不为富贵所动摇。

苏轼对朝云很有好感，于是就和她多喝了几杯，面红耳赤似醉非醉之际，两人聊了起来。

"你落入风尘几年了？"

"四年。"

"既已四年，朝为云，暮为雨，只怕那风尘中的好事，比巫山之云雨更胜一筹。"

"云雨虽浓，任风吹送。像我这种漂泊无主之人，还不知道谁是楚襄王。"

这里用了一个典故，出自宋玉的《高唐赋》。楚襄王与宋玉一起游览一个叫高台的地方，看到楼台之上云雾缭绕，变幻无常。楚襄王就问宋玉："这是什么气？"宋玉回答说："这叫朝云。当年怀王曾到高唐游玩，因为疲倦而睡了一会儿，梦中有一个绝色女子对他说，我是巫山神女，是高唐的客人，听说您来这里游玩，特意和您成就一段奇缘。事毕神女临走时说，我住在巫山之阳的高峻山峰（现在叫神女峰），早上为云（朝云），晚上为雨（暮雨），每天都住在阳台的下面。"

听朝云这样讲，苏轼对朝云生出了几分敬意，已不再是单纯的同情和怜悯。朝云继续说：“我现在就像是生活在地狱之中，逃也无处逃，有苦说不出，哪里还有心思想别的，唱歌陪酒，也只是逢场作戏而已。”

“既然是苦不是乐，为何不及早从良呢？就你的条件，不愁找不到一个好郎君。”

“看上我的，我嫌他是酒囊饭袋；我看上的，人家又嫌我是风尘中人。唉，难啊！”

苏东坡听后，朗声大笑：“我不嫌你风尘，但不知你嫌不嫌我？”

因为子云的关系，朝云对苏轼的情况比较了解，听东坡这么一说，真是喜从天降，连忙跪下拜道：“若能让我脱离苦海，那就是我的意中人。无论端茶奉酒，还是铺床叠被，心甘情愿为您效犬马之劳。”

东坡收留了朝云，后来又收为妾。从此，朝云协助夫人王闰之，日夜侍候苏轼，含辛茹苦尽心尽力，尤其是王闰之去世之后，从广东惠州，到海南儋州，经受了不一般的生活上的折磨和精神上的摧残。纤纤玉体，抵不过南荒瘴毒，年轻的朝云在海南，于 1096 年病逝。这年苏轼六十一岁，亲自撰写了纪念朝云的对联：

不合时宜，惟有朝云能识我
独弹古调，每逢暮雨倍思卿

为纪念朝云，苏轼在朝云的墓地修建了一座六如亭，这副对联就刻在六如亭上。对联中引用了一故事：一向乐观、豁达的苏东坡又因口出直言，得罪了同僚，在办公室受了一肚子气。苏轼这个人生性幽默、放浪，他发泄郁闷的方式也和别人不一样。回到家中，他拍着自己的肚皮，问家中的几个侍妾：“你们有谁知道我这里面有些什么？”有答文章的，有答见识的，苏轼只是摇头。唯独朝云例外，她笑着说：“这里头啊，是一肚子的不合时宜。”苏轼闻言道：“知我者，唯有朝云也。”

此心安处是吾乡

王巩，字定国，是苏东坡的好朋友，因受“乌台诗案”的牵连，被贬岭南。岭南即今天的广东广西一带，那时候，除个别的大都市，多是蛮荒之地，而且气候炎热，毒瘴遍地，非常不适宜人居住。同苏轼一样，王巩与其说是贬到岭南，不如说是流放到了岭南。许多人因水土不服，心情郁闷，瘴气侵害，往往丧命不归。

王巩竟然生还了，这不能不说是一个奇迹。一方面，王巩性格开朗，心地豁达，更重要的是他有一个好伴侣，宇文柔奴。王巩自己说："如果没有柔奴，在南荒，我是熬不过来的。"

一天，苏轼到王巩家做客，见到了宇文柔奴。令东坡很惊奇，柔奴竟是个温婉纤丽、柔弱娇小的女人，她竟能在南荒瘴疠之地，陪王巩度过三年，自己却毫发未伤，连皮肤还是那么细腻白皙，真是难得。于是苏轼以和蔼的口吻问道："柔奴，你姓什么？是哪里人？"

"姓宇文，祖祖辈辈都是京师人。"柔奴温和地答道。

"京师，那是繁华之地。"苏轼接着问道："岭南的气候怎么样？"

"四季都是夏天，潮湿闷热，且到处瘴气弥漫，真的很难熬。"

"那你们是怎么坚持下来的？"

"因为有先生，此心安处，便是吾乡。"柔奴回答得很平和。

好一个"此心安处，便是吾乡"，难道真的是心静自然凉？柔弱的柔奴，心地是那样的宽广，形象瞬间高大了许多。苏轼被深深地感动了，一首《定风波》援笔立就，词曰：

定风波

常羡人间琢玉郎，天应分付点酥娘。尽道清歌传皓齿，风起，雪飞炎海变清凉。　万里归来年愈少，微笑，笑时犹带岭梅香。试问岭南应不好？却道，此心安处是吾乡。

柔奴的歌声既柔且脆，委婉动人，情真意切的演唱，使老朋友之间的聚会更温馨、愉悦。后来，苏轼不仅被贬岭南，而且还到了海南。苏轼虽然活着离开了海南，可王朝云却长眠在了那里。

四、超然不累于物

公元1074年，苏轼三十九岁，这年九月，苏轼从杭州通判调任密州知州（今山东诸城），一路观风景，会朋友，到十一月正式走马上任。和杭州相比，诸城可谓穷乡僻壤，他之所以申请到这里来，主要是因为苏辙。苏辙当时在济南任职，这样一来，两兄弟近了，来往会更加方便些。再者，由通判到知州，也算是转正了。

条件的确艰苦，一州之长也没有一个像样的地方住，只好自己张罗，维修破败的官舍、荒芜的庭园。苏轼是一个很讲情调的人，利用园北的一个废旧城台，稍加整修，就成了一座高而安，深而明，冬暖夏凉，可以登高望远的休闲之地，这便是“超然台”。苏辙为此作了《超然台赋》，其匾额“超然台”三字由苏轼亲笔书写。

苏轼在诸城前后共三年，是他词作的一个高峰期，写了一批有代表性的作品。下面，我们分而述之。

诗酒趁年华

超然台地势高阔，树木葱茏，风景宜人，且十分幽静，是聚会饮酒和公余游息的好场所，而且是苏轼亲自主持建造的，喜爱之情难以掩饰，不吐不快，文章苏辙写了，诗词就非他莫属了。

望　江　南　超然台作

春未老，风细柳斜斜。试上超然台上看，半壕春水一城花，烟雨暗千家。　寒食后，酒醒却咨嗟。休对故人思故国，且将新火试新茶，诗酒趁年华。

超然是一种态度，是一种坦然，这种坦然不是简单的放弃，而是有所为有所不为，正如苏轼所说：“君子可以寓于物，不可以留意于物。”

斜风细雨。风，温柔了柳梢；雨，洇湿了城中的花。春，热烈而鲜艳。极有灵性的烟雨，是春的使者，她让大地沉静而祥和，让人们宁静而淡泊，让高高的天和厚厚的地，低声倾诉。

自然是那样和谐宁静，人又何必去烦躁呢。不要太多地想老家，不要太多地想故人。新火煮的新茶，细细地品；醇醇的酒，慢慢地饮；还有诗……这么美妙的环境，这么美好的氛围，千万要珍惜啊！

人生苦短，诗酒趁年华。

老夫聊发少年狂

江城子 密州出猎

老夫聊发少年狂，左牵黄，右擎苍，锦帽貂裘，千骑卷平冈。为报倾城随太守，亲射虎，看孙郎。　酒酣胸胆尚开张，鬓微霜，又何妨。持节云中，何日遣冯唐？会挽雕弓如满月，西北望，射天狼。

这首词的背景并不复杂，记述了一次和部下的打猎活动。苏轼这年也就四十岁，谈不上是老夫，作为一州之长，在自己的部下面前这么说，也还可以。

当时在西北，主要在今陕西北部和甘肃平凉、庆阳一带，大宋与西夏的战争持续了好长时间，国家并不太平，苏轼表达的是一种忠君报国的思想。给我的舞台小了，如果舞台再大一点，我会唱得更好。

我们知道，苏轼是豪放派的领袖，这首词是苏轼的第一首豪放词，他很为这种豪迈的风格而自鸣得意。在写给朋友鲜于侁的信中说，近来写了一些词，虽然没有柳永的味道（可见柳永的影响之大），却也自成一家。前几天，去郊外打猎，收获多多，尤其是这首寄给你的词，用笛子和鼓伴奏，山东大汉击掌顿足而歌，气势宏大，蔚为壮观。

但愿人长久

1076年八月十五，中秋节，苏轼与同事们相聚于超然台。大家都很高兴，饮酒唱歌，闹了个通宵。苏轼自己说，彻底喝醉了。也许吧，酒醉之人，感情更丰富，表达的愿望更强烈，写出这种千古绝唱，更加符合情理。

水调歌头

丙辰中秋，欢饮达旦，大醉，作此篇，兼怀子由。

明月几时有？把酒问青天。不知天上宫阙，今夕是何年。我欲乘风归去，又恐琼楼玉宇，高处不胜寒。起舞弄清影，何似在人间！　转朱阁，低绮户，照无眠。不应有恨，何事长向别时圆？人有悲欢离合，月有阴晴圆缺，此事古难全。但愿人长久，千里共婵娟。

有人认为，这首词的内涵并不仅仅是表面所反映的——对中秋节的想象和怀念兄弟，还有深层次的内容，那就是投石问路，探测朝廷的态度。“诗人未必有而读者未必不可有”，只要言之有据，能自圆其说，作为一家之言，怎么理解都是可以的。

实际上，1084年这首词终于传到了京城开封，整整八年，已是被贬黄州的第五个年头。宋神宗，也是个流行歌曲迷，通过私底下征集流行歌曲，他见到了苏轼的这首词。当他读到“又恐琼楼玉宇，高处不胜寒”时，说：“苏轼到底还是忠君的。”是阴差阳错，还是神宗故意移花接木，反正以此为由头，苏轼被调到了离京较近的汝州(今河南临汝)。虽是平调，但客观条件好了许多。

苏轼的这首词，影响很大，有许多人跟着学，黄庭坚就是其中之一。

水调歌头 黄庭坚

瑶草一何碧，春入武陵溪。溪上桃花无数，枝上有黄鹂。我欲穿花寻路，直入白云深处，浩气展虹霓。只恐花深里，红露湿人衣。 坐玉石，欹玉枕，拂金徽。谪仙何处，无人伴我白螺杯。我为灵芝仙草，不为朱唇丹脸，长啸亦何为？醉舞下山去，明月逐人归。

五、明月碧琉璃

空锁楼中燕

关盼盼，典型的美女+才女。不仅容貌美艳绝伦，而且体形特别好，轻盈婀娜。她天生一副好嗓子，歌唱得好，舞也跳得好，霓裳羽衣舞是其拿手好戏，更重要的是，她精通诗文。因此，她不仅是演艺界的明星，还是文学界的腕。

张愔，镇守徐州的军事统帅，也算是一方诸侯，虽是一介武夫，却颇通文墨，喜欢风雅。他被关盼盼的美丽所吸引，更被关盼盼的才气所打动，于是花费重金把关盼盼娶回了家，成了他最宠爱的小老婆(妾)。张愔在城郊专门为关盼盼建了一栋别墅，叫燕子楼。燕子楼上下两层，回廊环绕，秀丽典雅，古朴美观，因形似燕子而叫燕子楼。

机缘巧合，大诗人白居易到了徐州，张愔热情地接待了这位大诗人。盛大的宴席，精彩的歌舞，似乎仍不能表达张愔对白居易的敬慕，于是关盼盼出场了，不仅执壶敬酒，还唱了白居易的不少诗作。借着几分酒力，关盼盼最后表演了霓裳羽衣舞。演出相当成功,舞技出神入化,白居易大为赞叹,当即写下了赞美关盼盼的诗句:“醉娇胜不得,风袅牡丹花。”

两年之后,张愔病逝徐州,葬于洛阳北邙山。只有年轻貌美的关盼盼无法忘怀与张愔的情谊,誓为张愔守节。在燕子楼中,过着几乎与世隔绝的生活。

寂寞的关盼盼把读书写诗当成了唯一的感情寄托,借以打发时光。她托人给白居易捎去《燕子楼新咏》三首,白居易回了信,和了诗,可他指责关盼盼,说:“与其孤独地活着,不如痛快地去死,成就一个节妇的形象而流芳百世,不是更好吗?”

“软刀子杀人不见血”,关盼盼别无选择,绝食十天之后,如花似玉、能歌善舞的一代丽人,香消玉殒于燕子楼上。

二百多年之后,公元1078年,一代文豪苏东坡来到了徐州,正赶上黄河发大水,徐州城危如累卵,作为一州之长的苏东坡,带领全城军民奋力抗洪,历时七十余日,终于保全了徐州。

又是一个八月十五中秋月圆之夜,苏轼来到了燕子楼,而且住在了楼上,也许是“日有所思,夜有所梦”,苏轼梦到了关盼盼,于是有了《永遇乐》。

苏东坡画作·墨竹

永遇乐

彭城夜宿燕子楼,梦盼盼,因作此词。

明月如霜,好风如水,清景无限。曲港跳鱼,圆荷泻露,寂寞无人见。紞如三鼓,铿然一叶,黯黯梦云惊断。夜茫茫,重寻无处,觉来小园行遍。　天涯倦客,山中归路,望断故园心眼。燕子楼空,佳人何在,空锁楼中燕。古今如梦,何曾梦觉,但有旧欢新怨。异时对、黄楼夜景,为余浩叹。

没有几天,这首词就在城中传唱开了。苏轼很纳闷,难道有人偷抄了底稿?

查来查去，查到了一个老兵（击更的巡逻兵）身上。苏轼问："你是怎么知道'燕子楼'这首歌的？"老兵回答说："我懂得一点音乐知识，有天晚上值班，听到有人在吟唱，一遍又一遍，还敲击桌子打拍子，觉得很好听，就跟着默唱，不知不觉，竟然学会了。也不知道是大人您的作品，也没想太多，不经意间就传唱了出去，望大人恕罪。"

这会有什么罪，苏轼也只是好奇，明白来龙去脉后，说："记忆力好，又懂音乐，好好努力，也许能成为一个歌手。你去吧。"

乳燕飞华屋

也是一次宴会，地点是杭州西湖，时间是公元1088年六月的一天。苏轼第二次到杭州任职，是一州之长，他亲自组织了这场宴会，规格相当高，除了各级政府官员，还请了许多官妓来助兴。其中一个叫秀兰的，人长得最美，歌唱得最好，在她们这个行当中，是名副其实的No.1。

宴会开始好一会儿了，大家都到了，可秀兰不见踪影。这让具体办事的小头头很难堪，满腔的不高兴全都写在脸上。只好派人去催。

秀兰终于到了。果然，苏轼首先发问："你怎么迟到了？"秀兰说："为郑重其事，我特意洗了个澡，一来还有些时间，二来比较疲乏，就睡了一会儿。没想到，这一睡就睡过了头，迷迷糊糊，听见有人敲门，原来是催我的秘书。我知道我错了，稍稍化了化妆，就急急忙忙赶来了。我真的不是故意的，望大人明察。"苏轼倒没有再说什么，可那些不大不小的官员，不知是在苏轼面前丢了面子，还是另有隐情，总之，你一言我一语，七嘴八舌，不停地数说秀兰。

任凭是久在风尘中的秀兰，在众目睽睽之下，也是坐立不安。她知道，这里的任何人都得罪不起。

当时正值初夏，"我花开时百花杀"，百花都已谢了，榴花却独自绽放，红得似火。秀兰灵机一动，折了一枝，手持鲜花向各位大人赔不是，喝罚酒。有些人仍然不依不饶，非要说秀兰是因为幽会才来迟了。

一个官妓，风尘女子，置众位大人的宴会于不顾，私自去见相好的，这是什么性质？秀兰害怕了，不仅仅是害怕，还有委屈，忍不住泪如雨下。

气氛有些尴尬，大家都不知道该怎么办。好一个苏轼，看在眼里，想在心头，不一会儿，一首《贺新郎》就写好了。他说："好了。既然秀兰来迟了，就罚她为大家唱歌。我这里有一曲《贺新郎》，写的都是眼前的事，想必大家会有一些兴趣。"

官妓唱歌还算罚吗？苏轼运用“乾坤大挪移”的手段，瞬间将满座的尴尬消于无形。秀兰不愧是No.1，怀感激之情，声情并茂地唱了起来。柔嫩缠绵的歌声，仿佛陈年美酒，醉人心扉，所有人的情绪都调动起来了，大家一直玩到了深夜，大醉方休。

贺 新 郎

乳燕飞华屋，悄无人、桐阴转午，晚凉新浴。手弄生绡白团扇，扇手一时似玉。渐困倚、孤眠清熟。帘外谁来推绣户？枉教人梦断瑶台曲。又却是、风敲竹。　石榴半吐红巾蹙，待浮花浪蕊都尽，伴君幽独。秾艳一枝细看取，芳心千重似束。又恐被、西风惊绿。若待得君来向此，花前对酒不忍触。共粉泪、两簌簌。

关于这首词，另外还有一个传说，有人说是苏轼为侍妾榴花写的，而且还见到了苏东坡的真迹，有鼻子有眼。反正是传说，无非就是多看了一眼，信谁不信谁，主意自己拿。

风来暗香满

苏东坡七岁的时候，在老家眉山，见过一位老尼姑，姓朱，但把名字忘了。当时她已九十多岁。她说，年轻的时候我曾跟随师父，去过孟昶的皇宫。

一个炎热的夏日，酷热难耐，到了晚上，孟昶和花蕊夫人来到摩诃池上纳凉。他俩谈笑风生，一起作了一首词，花蕊夫人低声唱了好几遍。老尼于是记了下来，并告诉了苏轼。

四十多年过去了，老尼早已作古，苏轼几乎忘了这首词，只记住了开头的两句。空闲时，按词律分析，苏轼认定这是一首《洞仙歌》，便以原来的两句为开头，想象当时的场景，续写了这首《洞仙歌》。

洞 仙 歌

冰肌玉骨，自清凉无汗。水殿风来暗香满。绣帘开，一点明月窥人，人未寝，欹枕钗横鬓乱。　起来携素手，庭户无声，时见疏星渡河汉。试问夜如何？夜已三更，金波淡，玉绳低转。但屈指西风几时来，又不道流年暗中偷换。

江海寄余生

苏轼被贬黄州期间，工作上几乎没有事干，而黄州恰好在长江边上。一天，苏轼约了几个朋友，驾一叶扁舟，泛饮江上。子夜归来，江天茫茫，辽阔无涯；月明星稀，夜阑风静，令人心旷神怡。于是苏轼写下了著名的《临江仙》。

临　江　仙

夜饮东坡醒复醉，归来仿佛三更。家童鼻息已雷鸣。敲门都不应，倚仗听江声。　长恨此身非我有，何时忘却营营？夜阑风静縠纹平。小舟从此逝，江海寄余生。

第二天，黄州城里纷纷传言，苏轼昨晚写了这首词后，将官服和帽子挂在江边，乘小舟长啸着远走高飞了。黄州知州徐君猷听后大惊失色，朝廷叫他监视的人跑了，这还了得。立即去苏轼住处查看，谁知苏轼还在睡觉，鼾声正浓。

据说，这个谣言一直传到了皇宫，神宗也为失去苏轼而惋惜。

我刚毕业时，特别喜欢这首词，不知道是什么原因，可能是“为赋新词强说愁”的做作。特意让前辈用小楷抄在宣纸上，放在玻璃板下面，日日端详。后来，在搬办公室时不慎丢失。慢慢地，又逐渐对这首词淡了，也许是年龄的缘故吧。真正愁来的时候，却很不愿意提它。

苏轼一生写了很多好词，若说最好的，有人认为是《念奴娇·赤壁怀古》，也有人认为是《水调歌头·明月几时有》。最近，有网民选出了“中国历史上最高水平的36首诗词”，《将进酒》列第一，《水调歌头·明月几时有》列第二，单从词来看，它应是一。

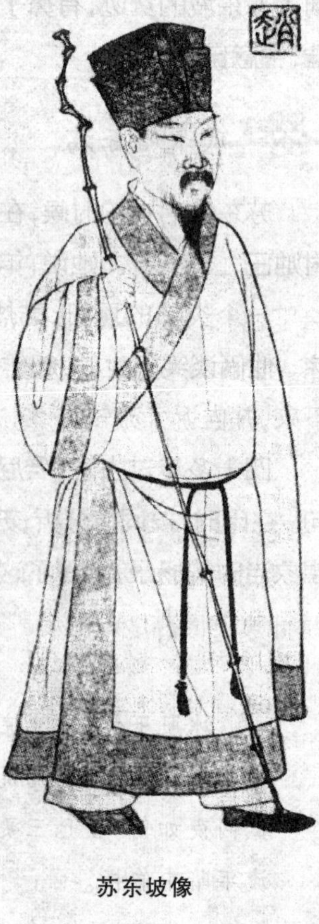

苏东坡像

按照叶嘉莹先生的观点，苏东坡写得最好的词是《八声甘州·寄参寥子》。我们先来看看这首词：

八声甘州　寄参寥子

有风情万里卷潮来，无情送潮归。问钱塘江上，西兴浦口，几度斜晖？不用思量今古，俯仰昔人非。谁似东坡老，白首忘机。

记取西湖西畔，正春山好处，空翠烟霏。算诗人相得，如我与君稀。约它年、东还海道，愿谢公雅志莫相违。西州路，不应回首，为我沾衣。

写得真好，有超越的一面，也有悲慨的一面。那多情的风卷起钱塘江潮涌来，又无情地送潮归去，宇宙万物都是如此。钱塘江上，西兴浦口，有多少次的潮去潮回，有多少次的日升日落。我们不说历史的沧桑，单就宋朝的党争，有多少人起来，又有多少人倒下去。现在，我年岁大了，把一切都置之度外了，把得失荣辱几乎都忘了。

现在难以忘记的是，美丽的春山，空濛的晴翠的山峦，烟霭的霏微之中，你(指参寥子，苏轼的挚友)我在一起生活。这么好的西湖，这么美的风景，碰见你这样一个知音，一个能作诗、品诗的好朋友，这段遇合千古难求。可是，我现在要离开你，离开那春山，离开那西湖，到朝廷去，是祸是福，不可预知。我们定个约会吧，有一天我离开汴京，将从水路回杭，希望能如愿以偿。我不希望死在那边，不希望你为我流下泪来。

后来，苏东坡被贬惠州，再贬海南，据说参寥子曾经不远千里追随寻访他。

像这样的词，前边写得开阔博大。“有风情万里卷潮来”，那真是天风！真是海涛！中间写政治斗争，深刻悲哀。认识苏东坡，不能只看他的豪放词，要看他的天风海涛之曲，要看他的幽咽怨断之音，更要看他两种风格相糅合的作品。这才是他真正最高成就的境界。

黄庭坚　佳人空谷伤幽独

黄庭坚，字鲁直，号涪翁，又号山谷道人，江西修水人。黄庭坚的一生都与苏轼紧密相关，是苏门四学士之一。在诗作方面，与苏轼并称“苏黄”；在书法方面，与苏轼、米芾、蔡襄并称“宋四家”；就连仕途，也随苏轼起落而浮沉。

黄庭坚像

人们都说秦七、黄九，但秦观与黄庭坚之间有很大的不同。抛开别的不说，仅就写词而言，他们的长调虽然都有柳永的痕迹，但黄词不如秦词平直畅晓，雕琢有余而自然不足，虽冶艳而乏情致，不免有堆砌词语、过于用典、辞意枯涩之弊。

就作词而言，黄庭坚的确不如秦观，但在作诗、书法方面，秦观却难以望其项背。

唤取归来同住

一次，黄庭坚和苏轼在一起谈诗论词。苏轼说，他非常喜欢张志和的《渔歌子》，遗憾的是《渔歌子》不合乐拍，难以演唱，于是略加数语，改成了一首《浣溪沙》。

浣　溪　沙　　苏轼

西塞山前白鹭飞，散花洲外片帆微，桃花流水鳜鱼肥。　自庇一身青箬笠，相随到处绿蓑衣，斜风细雨不须归。

这样一改，经歌女一唱，果然抑扬顿挫，婉转动听。面对老师，黄庭坚除了鼓掌叫好，也不能无动于衷，思索片刻，也作了一首《浣溪沙》。

浣 溪 沙

新妇滩头眉黛愁，女儿浦口眼波秋。惊鱼错认月沉钩。 青箬笠前无限事，绿蓑衣底一时休。斜风吹雨转船头。

新妇滩在今重庆万州区，女儿浦在今江西九江市。黄庭坚用这两个地名，是想用“玉肌花貌”的“新妇”、“女儿”来比喻美丽的山光水色，可谓别出心裁。对此，黄庭坚感觉很满意，也很得意，只是不便过分喜形于色而已。

苏轼一听，不觉好笑，开玩笑说：“清新婉丽，果是好词。不过，才出新妇滩，又入女儿浦，你这渔夫，也太花心了吧。”

用“清新婉丽”评价黄庭坚的词，不够全面。其实，黄庭坚的词品类很杂，高下悬殊，很难一概而论，也就是说，黄庭坚的词，没有相对固定的风格。不过，用“清新婉丽”评价下面这首词，却很合适。

清 平 乐

春归何处？寂寞行无路。若有人知春去处，唤取归来同住。 春无踪迹谁知？除非问取黄鹂。百啭无人能解，因风飞过蔷薇。

情在两山斜叠

黄庭坚在当涂任职的时候，在一次宴会上认识了官妓杨姝。这个杨姝，弹得一手好琴，演奏时非常投入，常常感动得自己热泪盈眶。黄庭坚也被深深地打动，为此，写了一首《好事近》，赠给杨姝。

好 事 近

一弄醒心弦，情在两山斜叠。弹到古人愁处，有真珠承睫。 使君来去本无心，休泪界红颊。自恨老来怕酒，负十分金叶。

这个杨姝，虽是官妓身份，却非等闲之辈，后来她嫁给了李之仪。李之仪，字端叔，熙宁三年（1070）进士，做过一些不大的官。李之仪与苏轼关系密切，曾做过苏轼的幕僚，以师父之礼待苏轼。李之仪在北宋词坛有一定的地位，其代表作是《卜算子》，关于这首词，有一则小故事。

有一天，苏轼与李之仪在一起讨论词。

苏轼对“词为艳科”非常不满，认为词不应仅仅是艳情闲愁、游子旅思，而应像民歌那样淡雅朴素，像诗那样“歌以咏志”。李之仪深以为然，说：“您才高学问大，用您的如椽大笔，一定能扭转词风。”

苏轼谦逊地说：“那可不敢，我不过是纸上谈兵罢了。”

李之仪接着说：“纸上谈兵，不如画饼充饥，现在你我各填一词，就用乐府民歌的淳厚风格，如何？”

苏轼摇头说：“今日心情不好，思路闭塞，写不出东西。”

“莫非是‘剪不断，理还乱，是离愁’？”李之仪笑着问道。

苏轼当时被贬黄州，孤家寡人，思乡之苦、离亲之愁自是客观事实。

见苏轼不说话，李之仪说：“那就我来献丑吧。请举一民间词为例，我模仿它的格调来写。”苏轼于是举了一首《菩萨蛮》。

菩　萨　蛮　　　　敦煌曲子词

枕前发尽千般愿，要休且待青山烂。水面上秤锤浮，直待黄河彻底枯。　白日参辰现，北斗回南面。休即未能休，且待三更见日头。

“这不还是写男女之情的吗？”

“男女之情不是不能写，写得雅而不俗，婉丽而不浮华，便是好词。”

李之仪说：“好吧，那我也写一首关于男女情爱的词。”

卜　算　子　　　　李之仪

我住长江头，君住长江尾。日日思君不见君，共饮长江水。　此水几时休，此恨何时已。只愿君心似我心，定不负相思意。

同舟归五湖

崇宁二年，公元1103年，黄庭坚五十九岁，再次被贬宜州（今广西宜山）。公元1104年，黄庭坚途经湖南衡阳时，受到了市长（衡阳知州）曾敷文的热情款待，逗留了几天。

衡阳有一官妓叫陈湘，是一个才女，能歌善舞自不在话下，难能可贵的是她擅长书法，尤其是小楷，已有相当的造诣。这深深地吸引了黄庭坚。

黄庭坚与陈湘，惺惺相惜，一见钟情。《阮郎归》就是黄庭坚专门为陈湘写的。

阮郎归

盈盈娇女似罗敷，湘江明月珠。起来绾髻又重梳，弄妆仍学书。歌调态，舞工夫，湖南都不如。它年未厌白髭须，同舟归五湖。

他们两个，她为他歌舞助兴，他为她指导书法，如胶似漆，形影不离。然而天下没有不散的筵席，更何况黄庭坚皇命在身，按时报到是必须的。

伤心总是难免的，更何况分别的时候，更何况是已经萌生真感情，想要“同舟归五湖”的黄庭坚。就这样，黄庭坚给陈湘写了第一首《蓦山溪》。

蓦山溪　赠衡阳妓陈湘

鸳鸯翡翠，小小思珍偶。眉黛敛秋波，尽湖南、山明水秀。娉娉袅袅，恰似十三余，春未透，花枝瘦，正是愁时候。　寻花载酒，肯落他人后。只恐远归来，绿成阴，青梅如豆。心期得处，每自不由人，长亭柳，君知否，千里犹回首？

这首词中用了杜牧诗的《赠别二首》（其一）和《叹花》，这两首诗都是有故事的。

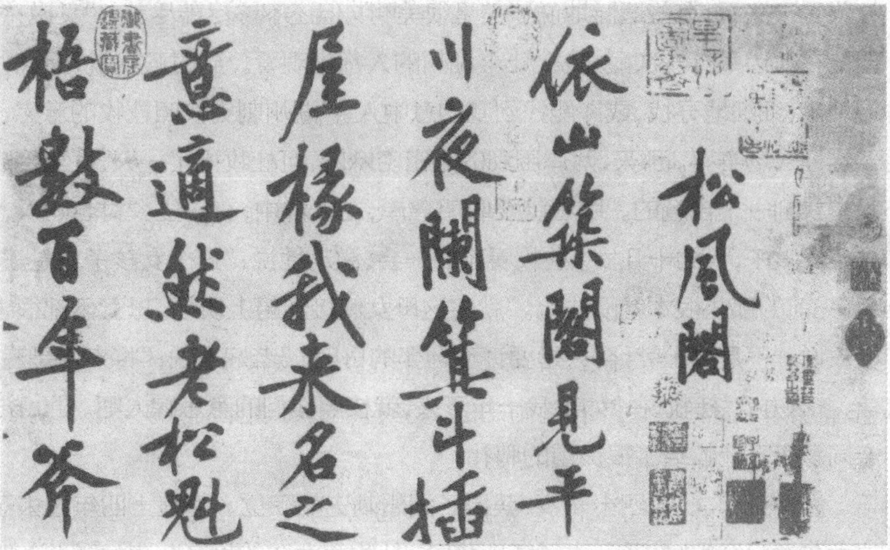

黄庭坚·松风阁诗卷（局部）

杜牧有位特别相好的歌妓，长得如花似玉，无人能及，他曾写过一首诗，热情赞美了自己的意中人。

赠别二首(其一)　杜牧

娉娉袅袅十三余，豆蔻梢头二月初。

春风十里扬州路，卷上珠帘总不如。

这位女子芳龄十三，身材苗条，姿态轻盈，如弱柳扶风，似娇花照水，更像豆蔻花开，含情脉脉，楚楚动人。诗歌一、二两句用虚笔描绘，融比喻和想象于一体，极尽空灵神妙之能事，留给读者无尽的回味空间，你想象女子有多美她就有多美，你想象女子多么吸引人她就多么吸引人。诗歌三、四两句采用众星捧月、弱彼强此的手法，简直把女子的倾城倾国貌写到了无以复加的程度。温柔富贵之乡的扬州，十里长街车水马龙，花枝招展，美女如云。但是“卷上珠帘”才发现，成百上千的红衣翠袖，没有一个比得上自己的豆蔻花开。压低全扬州所有的美人来突出诗人的意中人之美，简直美到了无与伦比的程度。

杜牧在宣州幕府任书记时，听说湖州美女如云，便到湖州游玩。湖州刺史崔君素尊崇杜牧的诗名，盛情款待。他把本州所有的名妓都叫来，让杜牧挑选。可杜牧看了又看，有些遗憾地说：“美是很美啊！但还不够尽善尽美。”又说：“我希望能在江边举行一次龙舟赛，让全湖州的人都来观看。到时候我就在人群中慢慢地走，细细地寻找，或许能找到我的意中人。”湖州刺史按照杜牧的意愿，举行了这样一场赛事。那天，两岸围观的人密密麻麻，可杜牧挑了一天，直至傍晚，竟没有找到一个合意的。眼看就要收船靠岸，在人群中，有一位乡村老妇人，带领一个女孩子，大约十几岁。杜牧看了好一会，激动地说：“这个女孩子真是天姿国色，先前的那些根本就没法比。”就将这母女俩接到船上谈话。母女俩都很害怕。杜牧说：“不是马上就娶，只是要订下迎娶的日期。”老妇人说：“将来若是违约失信，怎么办？”杜牧说：“如果我十年不来，就按照你们的意思嫁人吧。”女孩的母亲同意了。杜牧给了很贵重的聘礼。

大中三年，杜牧四十一岁，获得了湖州刺史的职位。整整十四年过去了，那位女孩子已经出嫁三年，生了三个孩子。杜牧将女孩的母亲叫来，责问说：“从前你已经答应将女儿许配给我，为什么说话不算数呢？”老妇人说：“原来的约定是十年,可十年过去了,你没有来,我的姑娘这才出嫁的。”杜牧取出合约看了看,想了想,说:“你说的很有道理。”便送给老妇人很多礼物,让她走了。因为这件伤心事,杜牧写下这样一首诗。

叹　花　杜牧

自是寻春去校迟,不须惆怅怨芳时。
狂风落尽深红色,绿叶成阴子满枝。

关于黄庭坚的这个故事,还有一种说法,曾敷文市长也是一个书法爱好者,很想得到黄庭坚的真迹,于是就让陈湘投黄庭坚所好,以套取黄庭坚的真迹。

醉翁之意不在酒也好,无心插柳柳成荫也罢。总之,黄庭坚对陈湘产生了感情,到达宜州后,又用《蓦山溪》为陈湘写了一首词。

蓦　山　溪

稠花乱叶,到处撩人醉。林下有孤芳,不匆匆、成蹊桃李。今年风雨,莫送断肠红。斜枝倚,风尘里,不带尘风气。　微嗔又喜,约略知春味。江上一帆愁,梦犹寻、歌梁舞地。如今对酒,不似那回时。书谩写,梦来空,只有相思是。

遗憾的是,黄庭坚与陈湘并没有“同舟归五湖”。第二年(1105),黄庭坚就去世了。

崇宁二年,黄庭坚被贬宜州,这是委婉的说法,实际上是撤销职务,在宜州看管,类似于现在的“判处有限徒刑××年,缓期执行”,即不到监狱劳动改造,而是在当地官员的监督之下,自行思过、改过。只是北宋的大气候是善待文人,因此,还有一点生活费。

黄庭坚这次的罪名也和苏轼的“乌台诗案”类似,同样是有人举报他的诗句中有“幸灾谤国”的内容,不同的是他没有入狱,没有那么复杂的审问和折腾。

一路辗转,公元1104年三月,黄庭坚来到了宜州,对于这个疑似犯人,官方的招待所不能住,借宿寺庙也不行,只好在城墙上已废弃的破破烂烂的守城士兵住过的小房间安生。生活的艰难、心里的悲伤、离群的孤寂,同时压在一个人身上,要是一般人,怕早就想不开了,可黄庭坚仍能直面人生,的确非同寻常。

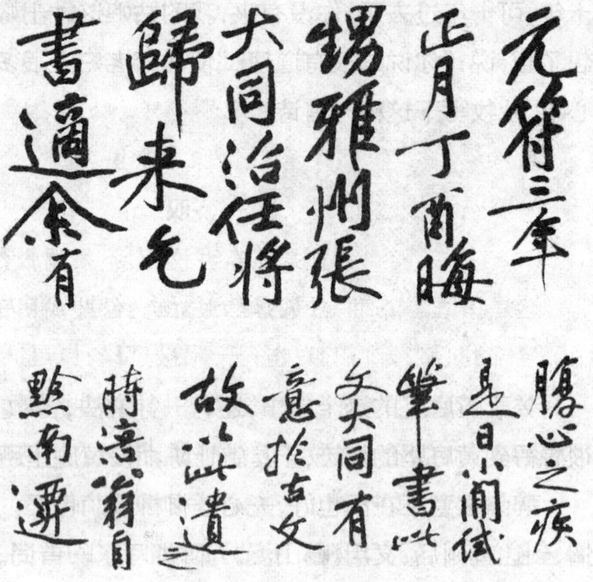

黄庭坚书法

有一天夜里，微风送来阵阵清香，循风看去，原来是东风吹拂，隆冬将逝，梅花报春来了。

嗅着梅的清香，看着梅的英姿，黄庭坚的心情难以平静。人们观赏梅花，常为她那疏影横斜的风韵、傲雪迎春的高洁、清雅宜人的幽香所折服，可在黄庭坚的眼中，最能打动人的是“老梅”，愈是老干枯枝，愈显得苍劲挺秀、生机盎然。老梅浓而不艳，冷而不淡，迎霜破雪，独步早春，这种精神能激励人永远向上。更何况，枯枝发新芽，相信自己也会再获新生的。

此情此景，这种心情，一首《虞美人》横空出世了。

虞　美　人　宜州见梅作

天涯也有江南信，梅破知春近。夜阑风细得香迟，不道晓来开遍向南枝。　玉台弄粉花应妒，飘到眉心住。平生个里愿怀深，去国十年老尽少年心。

时间到了1104年，黄庭坚六十一岁。

又是一个重阳节，照例是要登高的。黄庭坚和众人一起，象征性地登上了城楼。登楼过程中，旁边的人说，今年有大仗，我们应该浴血沙场，换取封侯。慷慨激昂，喜形于色。黄庭坚放眼远处起伏的山峰，联想自己的坎坷人生，又听到众人觅封侯的志向，情不自已，靠着城楼，用慷慨悲凉的声音朗诵起来。

南乡子

重阳日，宜州城楼宴集，即席作。

诸将说封侯，短笛长歌独倚楼。万事尽随风雨去，休休，戏马台南金络头。　催酒莫迟留，酒味今秋似去秋。花向老人头上笑，羞羞，白发簪花不解愁。

这是黄庭坚的绝笔词。诵到后面，竟是声嘶力竭，难以为继，这是因为他倾注了全部的心力。听的人也无一不被感染，真是情何以堪。

这首词通过黄庭坚一生经历的风雨坎坷，表达了无限深沉的感慨；表达了对功名富贵的鄙弃，抒发了以酒颓放、笑傲人世的旷达之情。

就在这个月的三十日，黄庭坚病逝了。

这位宋代颇有影响，开创了江西诗派的著名诗人，一代书法大家，逝世之时，竟是戴罪在身。身边无一子弟、无一亲人。

秦观 山抹微云迷津渡

秦观，字少游，人称淮海居士，江苏高邮人。生于公元1049年，36岁时（1085年）考中进士，虽然稍晚，但还算正常。死于1100年，有些早，不过是突然死亡，没受多少苦。秦观也是风流才子，但不够洒脱，因为他生就多愁善感，愁天愁地愁女人。花开了愁，花谢了也愁；文章写不好愁，写好了不能经世致用也愁；愁这愁那，最后把自己活活愁死了。

秦观像

秦观很有才，作为“苏门四学士”之一，深得苏轼赏识，认为有屈原、宋玉之才。托苏轼的福，在官场上沉的时候多，浮的时候少，贬这儿，贬那儿，倒是去过不少地方，处处留情，处处写词，成就了其“风流才子”的名号。

秦观比较浪，和柳永一样，也是大众情人，和娱乐界的那些歌女一起喝酒、唱歌，一起男欢女爱，也时常给她们写词；和柳永不一样，他更多的是逢场作戏，热闹之后便开溜，并不和她们长相厮守。因此，在流行歌坛，对秦观痴情的单边女性很多，自然秦观的绯闻也很多，比如说和苏小妹，直到现在，各种版本的故事依旧在流传，但千真万确，这些故事，都是“演义”，纯属子虚乌有。

秦观，至情至性的秦观。他一哭，全世界都会跟着难过。

秦观的故事，惊艳凄美，浪漫委婉之中透着几分凄凉。

轻寒细雨情何限

地点是首都汴京，即今之河南开封市。时间不详。秦观的身份是一个自助旅游的背包客。当时的汴京，是国际上一流的大都市，可玩的地方很多，要拜访的人也很多，自然花费的时间也长。秦观找地方住了下来。这一切，用古人的话讲，就四个字，“游寓京师”。

机缘凑巧，秦观有幸参加一个高干的宴会。主人让宠姬（可理解为合法的小三)碧桃为秦观敬酒,秦观自是一饮而尽。来而不往非礼也,秦观也给碧桃敬了一杯。这令主人不爽,怜香惜玉地说:“碧桃平常不怎么喝酒,算了吧。”哪知碧桃一反常态,说:“今日为了秦学士,就是豁上命,也要一醉方休。”说完,举起酒杯,连干三杯。

粉丝,绝对的超级粉丝。大家都说以前的柳永,凡有井水处,都唱柳词。看今天的情形,秦观丝毫不在柳永之下。美女这么给力,秦观怎么可能无动于衷呢,一首《虞美人》当场就写好了。

虞　美　人

碧桃天上栽和露,不是凡花数。乱山深处水萦回,可惜一枝如画为谁开?　轻寒细雨情何限,不道春难管。为君沉醉又何妨,只怕酒醒时候断人肠。

所有的人都惊呆了,所有的人都妒忌秦观,主人更是醋瓶乱翻,说:“今后绝不再让你出来见人了。”所有的人又是一阵大笑。

“哈,哈,哈。”这笑声怎么听怎么觉得有一丝委屈的哭腔。

这个故事也许是演绎的,但确实有出处,见《绿窗新话》。

这首词是托物寓怀、自伤身世的名篇,“不是凡品的花”,实际上指秦观自己,它的经历,就是秦观的身世际遇。

飞鸿字字愁

前面的故事说明,秦观在歌妓的心中是很有些分量的,下面这个故事更加委婉缠绵。有个网友重新演绎了这个故事,我们就以这个为基础讲给大家听。

公元1098年,五十岁的秦观,被贬雷州(和流放差不多),途经长沙,驻店歇脚。这天傍晚,秦观在街上闲逛,忽然,一阵弹唱声从路旁的妓院传了出来:

减字木兰花

天涯旧恨,独自凄凉人不问。欲见回肠,断尽金炉小篆香。　黛蛾长敛,任是春风吹不展。困倚危楼,过尽飞鸿字字愁。

这是秦观的词。弹唱的姑娘,嗓音圆润甜美,将词的意境表现得淋漓尽致。

秦观再次被感动了，身不由己地进了妓院，并点名要了这位弹唱的姑娘。

姑娘大约十八九岁，模样十分俊俏，自称“桃红”（艺名）。桃红对秦观说，我虽然喜欢弹唱，但除秦观的词之外，其他的都懒得看一眼，更不用说弹唱了。平日里每得秦观的新词，我都要一笔一画，工工整整地抄录下来，然后反复吟唱。久而久之，她所抄录的秦观词竟然装订成了厚厚的一大本，取名叫《秦学士词》。

秦观听罢，大为感动，问道：“全国的作词名家少说也有几十人，姑娘为何对秦学士的词情有独钟？”桃红姑娘回答说：“秦学士的词多为抒发男情女爱和伤身感世之作，而我福薄命浅，早年不幸流落风尘，受尽了人间的辛酸苦辣。秦学士的词句句说到了我的心坎里，就好像专门为我而作一样。所以对秦学士的词爱不释手。”

桃红姑娘的一番话，说得秦观心里热乎乎的，他根本没有想到，一个偏远地区的风尘女子，对他的作品竟有如此高深的理解。为了不辜负姑娘的一片诚心，他决定向姑娘表明自己的身份。于是，他明知故问道：“姑娘如此钟情秦学士的词，但不知姑娘是否见过秦学士？”桃红姑娘叹了一口气说：“唉，长沙离京师少说也有几千里路，怎么可能亲眼目睹秦学士的风采呢？”秦观又问：“不知姑娘是喜欢秦学士的词还是喜欢他的人？姑娘想不想见秦学士一面？”桃红姑娘闻言，脸微微一红，低下头说：“实不相瞒，能和秦学士谋面是我一生梦寐以求的愿望。若能侍候秦学士一次，就是死也心甘了。”

秦观见桃红言辞诚恳，脱口说道：“姑娘此言差矣，你想要见的人远在天边，近在眼前，我就是秦学士。”桃红姑娘闻言大惊失色，她仔细看了秦观一眼，失望地摇了摇头说：“先生不要开玩笑了，秦学士怎么可能到这里来呢？”

“瘴雨过，海棠开，春色又添多少？”秦观低声吟诵了几句他刚刚填写的新词后正色说道：“姑娘，我没有骗你，我真的是秦观秦少游，因要到雷州任职，途经此地，一时为姑娘歌声吸引，特意前来拜访。”

当桃红姑娘确信坐在自己身边的这位客人正是她朝思暮想、魂牵梦萦的秦学士后，激动得一时不知该说什么好。过了好大一阵子，像是刚从梦中惊醒过来一样，站起来向秦观深深地施了一礼，说：“秦……学士……您好！”由于激动，桃红姑娘说话断断续续。“贱妾做梦也想不到，您会从天而降，故而慢待了您，还望秦学士恕罪。”说话间，桃红姑娘重新在屋内设了个坐北向南的座位，请秦观上座。秦观推辞不过，只好坐在上座。秦观坐定后，桃红姑娘转身到另外一个房间梳妆打扮，穿戴一新后重新回到秦观面前，要给秦观行大礼。秦观见状慌忙起身回避，桃红姑娘硬是将他压在座位上不让他起来。行完大礼后，桃红姑娘又让人端上好酒好菜，设宴招待秦观。

桃红姑娘斟了满满一杯酒，跪在地上，恭恭敬敬地用双手递给秦观，说：“敬请秦学士干了这一杯！”秦观接过酒杯说：“姑娘快快请起，我干了就是。”说罢一饮而尽。桃红姑娘起身拿起琵琶说：“秦学士，请允许贱妾弹唱一曲给您助酒兴。”话音未落，优美动听的歌声已飘荡在了屋内。

如梦令

遥夜沉沉如水，风紧驿亭深闭。梦破鼠窥灯，霜送晓寒侵被。无寐，无寐，门外马嘶人起。

此后，秦观每喝一杯酒，桃红姑娘就弹唱一首秦观的词，直到秦观酒足饭饱方才罢休。

吃过晚饭，桃红姑娘先给秦观打来热水，侍候秦观洗脸洗脚。然后把床铺打扫得干干净净，被褥铺得整整齐齐，侍候秦观上床休息。待秦观上床歇息后，桃红姑娘整夜一眼不眨地守候在秦观身边。第二天清晨，秦观还没有起床，桃红姑娘早已为他打好了洗脸水，拿着他的衣帽等候在屋外。

秦观深深地为桃红姑娘的真情所感动，他本想在桃红姑娘这里多住几天，怎奈朝廷有规定，他必须按时到岗，只能和桃红姑娘告别。分手时，桃红姑娘对秦观说：“秦学士，我本想多侍候您几天，无奈您王命在身，不能久留。分别之时妾还有一个愿望，不知该不该在您面前讲？”秦观说：“姑娘但说无妨。”桃红姑娘说：“我今生有幸能侍候秦大人一次，虽死足矣。为了报答秦大人，我今后一定洁身自好。秦学士下次再从长沙经过时，若肯再次与我相见，则感激不尽。”秦观用力点了点头说：“下次我一定来，一定来。”桃红姑娘高兴得热泪盈眶，可她做梦也没有想到，这句话竟是他们的诀别之言。

秦观走后，桃红姑娘果然没有食言。她虽为风尘中人，但任凭别人威逼利诱，软硬兼施，均不为所动，坚持闭门谢客，发誓今生今世绝不以此身负秦学士。

一晃三年过去了。这天晚上桃红姑娘刚刚躺在床上，恍惚之间见秦学士来到她身边，笑着对她说：“桃红姑娘，别来可好？”桃红姑娘激动得连声说：“好，好，好，就是十分想念您。”秦学士说：“我也很想念你呀。”桃红姑娘连忙问道：“那我们何时才能相见？”秦学士叹了一口气说：“唉，我们已经没有相见的机会了，我今天就是专程来向你告别的。”桃红姑娘一听急了，忙问道：“为什么？为什么？”秦学士笑着向她摇了摇手，边向外走边说：“永别了，永别了。”桃红姑娘见秦学士要走，连忙伸手拉他的衣襟。谁知由于用力过猛，扑了个空。

原来是南柯一梦。

桃红姑娘醒来后再也睡不着了，思来想去她认为这个梦不是个吉兆，秦学士一定重病在身。第二天一大早，桃红姑娘便向鸨儿娘说她要去雷州找秦学士。鸨儿娘因桃红姑娘这几年拒不接客，白吃白住在妓院，所以想了想也就答应了。

这天下午，风尘仆仆的桃红姑娘历尽艰辛，终于来到雷州。可一打听，才知道秦观经皇上恩准结束了流放生活，目前已到了藤州(今广西藤县)。桃红姑娘不顾一路的旅途劳累，转而直奔藤州。

好不容易来到藤州，重病多日的秦观已经去世了，桃红姑娘顿时悲痛欲绝。她穿着孝服来到秦观灵前，先绕着秦观的棺材转了三圈，然后跪在灵前哭祭，哪知她刚“啊”了一声，还没有来得及哭出声便气绝而亡。灵前的人七手八脚地抢救了一番，也无济于事，只好将她和秦观葬在一起。

银烛生花如红豆

不知是文人多事，还是事情本来就那样，反正秦观的艳遇特别多。偏偏秦观又多情善感，几乎每次的艳情都能激发他的诗情。

这次是在扬州，有一个姓刘的老太尉，举办了一个私人宴会，秦观是非常重要的客人。刘府有许多歌妓，其中一个善弹箜篌的歌女，人美歌美，善解风情。箜篌在当时已算古乐器，会弹的人原本就不多，演奏得好的更是凤毛麟角。秦观本就精通音乐，一个尽力弹奏，一个认真倾听，难免会眉来眼去。还当真是心有灵犀一点通，一曲弹完，二人已是情意绵绵。

秦观说，箜篌好，弹得更好，能否让我看看箜篌。醉翁之意不在箜篌。那女子是求之不得，连忙抱着箜篌过去，紧挨着秦观坐下了。

时间已经不早了，别人都陆续离开了，刘太尉也到内室换衣服去了，而他们二人还在窃窃私语。忽然，一阵风吹来，蜡烛熄灭了，漆黑的房内就他们两人，肩挨着肩坐着。

千载难逢的机会，谁也不肯错过，于是有了“仓卒之欢”。

什么是“仓卒之欢”？我说不清楚，不过那个箜篌女说了一句很有提示性的话，“今天为秦学士瘦了一半。”如果还不明白，就看秦观的词，词曰：

御　街　行

银烛生花如红豆。这好事、而今有。夜阑人静曲屏深，借宝瑟、轻轻招手。一阵白蘋风，故灭烛、教相就。　花带雨、冰肌香透。恨啼鸟、辘轳声晓。岸柳微风吹残酒。断肠时、至今依旧。镜中消瘦。那人知后，怕你来僝僽。

这首词完整地记录了这个故事。

也可以说，根据这首词演绎了这个完整的故事。

月高风定露华清

公元1096年，秦观被贬郴州，一路旅途劳顿，心情也不好。这天，夜泊湘江，触景生情，感伤身世，写了一首词叫《临江仙》。

临　江　仙

千里潇湘挼蓝浦，兰桡昔日曾经。月高风定露华清。微波澄不动，冷浸一天星。　独倚危樯情悄悄，遥闻妃瑟泠泠。新声含尽古今情。曲终人不见，江上数峰青。

最后两句引用的是唐诗。

省试湘灵鼓瑟　钱起

善鼓云和瑟，常闻帝子灵。
冯夷空自舞，楚客不堪听。
苦调凄金石，清音入杳冥。
苍梧来怨慕，白芷动芳馨。
流水传湘浦，悲风过洞庭。
曲终人不见，江上数峰青。

无独有偶，滕子京，就是范仲淹《岳阳楼记》中提到的那个滕子京，在他的词中也完整地引用了这两句，而且还引用了孟浩然的诗句"气蒸云梦泽，波撼岳阳城"。除了所引用的这四句外，其余的都是平庸之作，我就不转引了。

滕子京对中国文学的贡献，就是让范仲淹写下了《岳阳楼记》，我们只要记住这一点，就已经足够了。

关于秦观的这首词，也有一个美丽的故事。

潭州，就是今天的湖南长沙湘潭一带，州治在长沙。有一天，太守在合江亭上招待客人，有一个叫张才叔的大官也参加了这次宴会。也许是有客人特别喜欢《临江仙》的调子，总之，太守让所有的歌女一直唱《临江仙》。其中有一个歌女，只唱了两句："微波澄不动，冷浸一天星。"张才叔很喜欢，非要听全篇。这可难住了歌女，因为她只会这两句。没有办法，只好实话实说："实在抱歉，我就会这两句。"

"你这两句是从哪里听来的？谁知道全篇？"

"我近日住在江里船上的旅店，每当月色皎洁之时，邻船上总会有一个男子靠着桅杆唱这首词，声音十分凄楚哀怨。由于我笨，没记下全篇，只记了这两句。如果真想得到全篇，请派几个聪明伶俐记性又好的伙伴，同我一块去听，到时候记下来就是了。"

到了晚上，她们一同来到客船上喝酒等待。又到了那个时候，邻船上果然出现了一个男子，先是长叹三声，接着便唱起了这首《临江仙》。她们中有一个叫赵琼的，还没有听完，已是泪流满面，哭泣道："这是秦七的声音啊！"

这个赵琼，歌唱得好，是潭州城中的名妓。当年秦观被贬雷州时，曾路过潭州，结识了赵琼，两人有过交往，彼此还算熟悉，尤其唱腔。

船老板派人打听，原来邻船是秦观的灵舟，船上载着秦观的灵柩。

故事显然把秦观神化了。

为谁流下潇湘去

踏 莎 行 秦观

雾失楼台，月迷津渡，桃源望断无寻处。可堪孤馆闭春寒，杜鹃声里斜阳暮。　驿寄梅花，鱼传尺素，砌成此恨无重数。郴江幸自绕郴山，为谁流下潇湘去？

这首词写于被贬郴州之时。最后两句是点睛之笔，表现了秦观内心的希望。郴江北流入湘江，如果秦观被赦免，一定是向北还京，和郴江同路。这样一来，秦观和郴江就联系起来了。郴江啊郴江，你日日北流，是为了谁呢？我多想北归呀，可何时才有机会？

《踏莎行》词意图——明刊本《诗余画谱》

苏轼对这两句特别喜欢，特意将它抄在自己的扇子上，天天不离手。秦观去世后，苏轼伤感地说："少游已矣，虽万人何赎！"

故事照例也有，不过太俗套，没有多少新意，就免了吧。

前面写过柳永，现在写秦观，觉得太难。不是没有故事，而是故事太多，几乎每个故事都与妓女有关，不够健康向上。但没有办法，柳永像《金瓶梅》，秦观像《红楼梦》，离了女人，他们也就不存在了。

词本就是当时的流行歌曲，流行歌曲不唱爱情唱什么？那个时候，男女极不平等，爱情更像是艳遇。一夫多妻的体制下，男人要花，那是多情；女人必须专，是道德问题。因此，在情场，端架子的永远是男人，主动献身的永远是女人，要不怎么说那是封建的落后的"旧社会"哩。

闲话不叙，言归正传。

了不知南北

公元1085年，秦观考中进士，开始仕途生涯。第二年，苏轼等人向朝廷推荐，但因有人从中阻拦，未能如愿。1089年，秦观经过公务员选拔考试，被任命为宣德郎，后提升为国史院编修官。这一段是秦观比较顺的一段，然而两头都算，也就六个年头。1094年，托苏轼的福，作为旧党，被排挤出京城，到杭州做通判，半路上又被贬为处州的税务官。1096年，由处州到郴州，第二年再贬到横州。三年后又贬到了雷州，几乎就是流放。

秦观的一生，是惨淡的一生，一个“贬”字，老是缠着他。

在处州，秦观写了一首词，叫《千秋岁》，词曰：

千　秋　岁

水边沙外，城郭春寒退。花影乱，莺声碎。飘零疏酒盏，离别宽衣带。人不见，碧云暮合空相对。　忆昔西池会，鵷鹭同飞盖。携手处，今谁在？日边清梦断，镜里朱颜改。春去也，飞红万点愁如海。

由处州去郴州，经过衡阳时，衡阳太守孔平仲(字毅甫)招待了他。孔平仲是秦观的好朋友，在开封时，曾一起游过金明池。因为这一层关系，秦观在衡阳小住了几天，孔平仲日日殷勤款待。

一天，在喝酒聊天时，秦观将他的《千秋岁》呈给了孔平仲。孔看后大吃一惊，说：“少游，你正当壮年，为何言语如此悲怆！”于是按原韵和了一首，以劝慰少游。

千　秋　岁　　孔平仲

次韵少游见赠

春风湖外，红杏花初褪。孤馆静，愁肠碎。泪余痕在枕，别久香销带。新睡起，小园戏蝶飞成对。　惆怅人谁会？随处聊倾盖。情暂遣，心何在？锦书消息断，玉漏花阴改。迟日暮，仙山杳杳空云海。

会少离多，告别时，孔平仲一直把秦观送到了郊外，一路上反复劝慰。

回来后，孔平仲对亲友们说：“少游神气外貌和平常不大一样，看来将不久于人世。”

公元1100年，哲宗归西，徽宗继位，大赦天下。秦观也在被赦之列，重新任命为宣德郎。

从雷州北上，一路走来，这天到了藤州，特意和朋友们一起游览了光华亭，接着是酒宴。少游的心情特别好，不知不觉就醉了。醉后他说，我在处州时，曾在梦中写过一首《好事近》，你们看看怎么样。

好 事 近　梦中作

春路雨添花，花动一山春色。行到小溪深处，有黄鹂千百。　飞云当面舞龙蛇，夭矫转空碧。醉卧古藤阴下，了不知南北。

大家都说好。

不一会儿，秦观口渴要水喝。当别人给他送来水时，他却看着笑了笑，突然就死了，年仅五十三岁。

人们这才明白，“古藤”就是藤州，“不知南北”，就是没有知觉，可不就是死了吗。

呜呼哀哉。

山抹微云

过去的人讲究“读万卷书，行万里路”，就是学习有一定基础后，要去游学，一是饱览名山大川，名胜古迹，从大自然汲取营养，将书本的知识与自然的知识融会贯通；二是拜访一些名人，进行一些学术交流，既能开阔自己的眼界，也能在圈子混个脸熟。

秦观也不例外，虽然已三十一岁，仍然是个游学的学生。这天，他来到了会稽，程太守在蓬莱阁——高档的休闲会所，招待了秦观。文人雅士，官场大佬，海鲜佳酿，红粉佳人，这的确让秦观很爽。尤其是那叫不上名字的歌妓，太美了，人美歌更美，忍不住就多看了两眼，再也没有忘记她的容颜，梦想着偶然能有一天再相见……一个传奇产生了——《满庭芳》响彻大江南北。

满 庭 芳

山抹微云，天黏衰草，画角声断谯门。暂停征棹，聊共引离尊。多少蓬莱旧事，空回首，烟霭纷纷。斜阳外，寒鸦万点，流水绕孤村。 销魂，当此际，香囊暗解，罗带轻分。谩赢得青楼，薄幸名存。此去何时见也。襟袖上，空惹啼痕。伤情处，高楼望断，灯火已黄昏。

这首词是秦观的代表作，影响相当大，下面我们讲几个关于这首词的故事。

秦观的女婿叫范元实，为人老成持重，不爱说笑，无论是歌舞宴会，还是朋友相聚，经常长时间一言不发。一次，他参加某领导的私人宴会，有位歌女特别爱唱秦观的词，一连唱了好几首。大家都很高兴，跟这个干杯，与那个交谈，尤其是那几个美女，在人群中穿梭，敬酒、唱歌、侃大山，非常活跃。不知不觉，客人们大都喝得半醉，场面热闹而混乱。唯独范元实，一直坐在那里，呆若木鸡，只是偶尔自己喝几杯。有位歌女产生了好奇，便走上前说："你听不懂吗？莫非真不懂词。"太小看人了，范元实突然站起身，双手叉腰，大声说："我是'山抹微云的女婿'。"

琴操，杭州名妓，聪明绝顶，文思敏捷，才华横溢，出入 VIP 私人会所或是官办高档休闲娱乐中心。

某一天，一号首长（杭州知府，有时也称太守）举办了一个盛大的宴会。酒肉穿肠过，美女怀中抱，流行曲子耳边唱。大概到了后半场，酒精使一些文人官员放下了斯文，如同今天的卡拉 OK，一位官员唱起了秦观的《满庭芳》，"山抹微云，天黏衰草，画角声断斜阳……"身边的琴操一听，扑哧就笑了。

一号首长没反应过来，就问："琴操，你笑什么呢？"

"大人，唱错了，是'画角声断谯门'，这韵都错了，后面还怎么唱呀。"

那位大人果然唱不下去了，但煮熟的鸭子嘴硬，小脑子一转悠，强词夺理地说："我是故意的，想换个韵。哦，对了，琴操，你不是文思敏捷吗，请你用'阳'字韵唱完这首词，如何？"

这一来，大家都盯着琴操起哄。但见琴操微微一笑，说："那好吧。乐队，起。"随着悠扬的乐声，琴操一字一板地唱了起来：

山抹微云，天黏衰草，画角声断斜阳。暂停征辔，聊共引离觞。多少蓬莱旧侣，空回首，烟霭茫茫。孤村外，寒鸦万点，流水绕红墙。 魂伤，当此际，轻分罗带，暗解香囊。谩赢得青楼，薄幸名狂。此去何时见也；襟袖上，空有余香。伤情处，高城望断，灯火已黄昏。

歌声刚落，立刻爆发出雷鸣般的掌声。

就是这个琴操，后来结识了苏轼（苏轼第二次到杭州任知府时），两人一起留下了一段“西湖佳话”。

苏轼对琴操说：“我来当和尚，咱俩一块儿参禅，如何？”

琴操说：“好呀。”

苏轼说：“那你问我吧。”

“何谓湖中景？”

“落霞与孤鹜齐飞，秋水共长天一色。”

“何谓景中人？”

“裙拖六幅湘江水，髻挽巫山一道云。”

“何谓人中意？”

“惜他扬学士，憋杀鲍参军。”

“如此究竟如何？”

“门前冷落鞍马稀，老大嫁作商人妇。”

琴操明白了，而且是大彻大悟，当即削发为尼修道去了。

苏轼对秦观的这首词评价还不错，虽然全词在气势与格调上稍有不足，但“山抹微云”却是极佳，便称秦观为“山抹微云君”。

不久，秦观来到了京师，自然会去看望老师。二人见面行礼，看茶落座，谈话自然离不开词。

苏轼说：“现在到处都在传唱你的‘山抹微云’，你已是超级明星了。”

秦观并没有说话，只是谦虚地笑了笑。

苏轼是老师，他不能让秦观被胜利冲昏头脑，口气一转，说：“多日不见，想不到你竟以柳永为师，而且颇有成就。”

秦观分辩说：“我虽无才，也不至于去模仿别人吧。”

“‘销魂，当此际……’是你写的吧，这和柳永的词有什么分别？”

秦观无语。

关于秦观,还有一个小插曲。

秦观还不认识苏轼时,苏轼已是文名满天下,秦观是苏轼的超级粉丝。一次,在扬州游玩的秦观听说苏轼要到扬州,便以苏轼的语气和笔迹,在一个寺庙的墙壁上题写了一首诗。

苏到扬州后,果然来这座寺庙游玩,看到题诗,还真以为是自己写的,可仔细一想,以前没有来过扬州啊,何况这里。不禁大为吃惊,有才,真是太有才了。

后来,有人给了他秦观的数十篇诗词,苏读后叹息说:“寺壁上题诗的,一定是这位秦观秦少游。”

再后来,秦观到徐州专程拜访苏轼,不仅受到了热情接待,还成了“苏门四学士”之一。从此,与苏轼有了师徒之谊;从此,他再没有逃出过苏轼的影子。

人去香犹在

秦观多情,有不少风月场中的红粉知己,为她们写过不少词,也有不少故事流传,但都大同小异,前面我们已经讲了不少,这里就不再多说。下面我们介绍几首词。

南 歌 子 赠陶心儿

玉漏迢迢尽,银潢淡淡横。梦回宿酒未全醒,已被邻鸡催起怕天明。　臂上妆犹在,襟间泪尚盈。水边灯火渐人行,天外一钩残月带三星。

陶心儿,据说是蔡州的官妓,与秦观有一腿。

词的最后一句是一条谜语,“天外一钩残月带三星”的谜底是“心”字。

水 龙 吟

寄营妓娄婉,字东玉。

小楼连苑横空,下窥绣毂雕鞍骤。朱帘半卷,单衣初试,清明时候。破暖轻风,弄晴微雨,欲无还有。卖花声过尽,斜阳院落,红成阵、飞鸳甃。玉佩丁东别后。　怅佳期、参差难又。名缰利锁,天还知道,和天也瘦。花下重门,柳边深巷,不堪回首。念多情、但有当时皓月,向人依旧。

上片首句暗藏“娄婉(谐音)”,上片末句暗藏“东玉”,与上一首类似。

词和诗一样,作为一种文学作品,精炼含蓄是其特点,作者要表达的意思往往在字面之外,所谓托物言志、借景抒情是也。因此,写给谁的或者表面的情节往往并不重要。欣赏诗词,要会看文字后面的东西,比如朱庆馀的《闺意献张水部》:“洞房昨夜停红烛,待晓堂前拜舅姑。妆罢低声问夫婿:画眉深浅入时无?”如果简单地认为是新娘写给新郎的情诗,就太苍白了。

前面讲过,苏轼曾经和秦观讨论过一次词,就是“山抹微云”那一节。那一次,他们也谈到了这首《水龙吟》。秦观自认为还不错,就向老师背了这一首《水龙吟》,苏轼听后却说:“‘小楼连苑横空,下窥绣毂雕鞍骤。’十三个字,只写一个人骑马从楼下过,太浪费了吧。”秦观不服气,就问苏轼:“那老师有新作吗?”苏轼说:“有,也是一首说楼上事的词。”(指《永遇乐·明月如霜》,中有“燕子楼空,佳人何在?空锁楼中燕”。)这时,坐在一旁的晁补之(也是“苏门四学士”之一)说:“仅仅三句话,说尽了张愔燕子楼的故事。”

秦观的妻子叫徐文美,是一个大户的千金,也会作诗填词。只是由于秦观浪迹天涯,二人会少离多,因此,相互唱和的诗词并不多。

多情的秦观是大众情人,对那些江湖女子绝对是可心的情哥哥,但对于老婆徐文美是一场灾难。某一年的七夕,徐文美写了一首《如梦令》寄给了秦观。

如　梦　令　　徐文美

莺嘴啄花红溜,燕尾点波绿皱。指冷玉笙寒,吹彻小梅春透。依旧,依旧,人与绿杨俱瘦。

秦观看后深受感动,的确是自己对不起老婆。低头沉思,想起了老婆的许多好处。然而,男儿志在四方,当雄视天下。豪情与柔情交融,爱情共亲情一体,中国爱情诗词的经典炼成了。

鹊　桥　仙

纤云弄巧,飞星传恨,银汉迢迢暗度。金风玉露一相逢,便胜却人间无数。　柔情似水,佳期如梦,忍顾鹊桥归路。两情若是久长时,又岂在朝朝暮暮。

倘若徐文美和秦少游多一些这样的交流，那会是一个怎样的秦观？答案也许很多。我认为，我所认识的秦观就很好，还是不要倘若的好。

秦观，虽然时常“月迷津渡”、“露失楼台”，但有“山抹微云”就足够了。

周邦彦　江南才子浪漫情

周邦彦，字美成，北宋末期最有名的词人之一（另一位当是李清照）。周邦彦算得上是一位传奇文人，二十多岁就进入唯一的国立大学读书。这是托了王安石的福，是王安石的扩招政策使这个没有显赫家庭背景的书生得以进入国立大学。不到三十岁，就因一篇《汴京赋》，得到了皇帝的青睐，由皇帝直接封了个京官，也正是这一出，他就莫名其妙地成了"新党"，并影响了他的一生。

说周邦彦没有气节也对，因为他奉承宰相蔡京时曾肉麻地写过"化行禹贡山川外，人在周公礼乐中"的句子。说他有气节也对，徽宗和蔡京面前的红人刘昺，以重金和高官为条件，求他为去世的父亲写一篇墓志铭，他却拒绝得很干脆，说什么没空。

他和文坛大佬苏轼，同朝为官多年，似乎不认识，没有为我们留下任何可以戏说的线索，这非常不正常。除了他们新党、旧党的派系之外，再也想不出别的理由。

更为人们乐道的是他、徽宗、李师师的三角关系，虽不能说他给皇帝戴了绿帽子，但与皇帝争风吃醋是没有问题的。两千多年的中国封建社会，皇帝不知有多少，文人也不知有多少，但敢与皇帝公开争女人的小文人恐怕只有周邦彦一人。

京华倦客

李师师，汴京染匠王寅的女儿，大概因为难产，母亲生下她后就死了，王寅用豆浆养活了她。当时有一种风俗，为了使孩子好带，要将孩子送给寺庙做佛门弟子，叫舍身。其实也就是到庙里举行个仪式。正因为这个原因，她得名师师。可能是师师命硬，四岁时，王寅又去世了。成了孤儿的师师，就被一家妓院姓李的妈妈收养了。从此，她就叫李师师；从此，决定了她的身份——妓女。

周邦彦，本就是个风流才子，如今又被皇上钦点为京官，可谓是春风得意。因为是快乐的单身汉，秦楼楚馆，自然成了他常常流连的地方。周邦彦也真是有才，偌大的京城，没多久，就与第一名妓李师师挂上了，一来二去，你情我愿，二人打得十分火热。

宋徽宗名叫赵佶。治国，他是个傻子，好端端的大宋江山就葬送在他的手上。但他真是个才子，而且是个大才子，琴棋书画，吟诗作词，那是拿手好戏，尤其是绘画，那是全国一等一的高手。赵佶还是个帅哥，出手也大方（这个自然）。还有个怪毛病，喜欢打野鸡，后宫佳丽三千，他却觉得无味，却偏偏喜欢乔装打扮后逛妓院。当他好上李师师之后，还特意从皇宫到李师师住地——镇安坊挖了一条地道，以方便来往。

这么一个宝贝疙瘩，和“千古词帝”李煜倒是“天生的一对”。

李师师、周邦彦、宋徽宗，一个逢场作戏，一个风流倜傥，一个变态风流，又都多才多艺，浪漫潇洒，如果有缘在一起，不弄出点绯闻，那才是大大的不正常。这不，机会来了。

一天晚上，周邦彦来到了李师师的住处，刚寒暄了几句，突然徽宗从地道里来了。周邦彦躲避不及，只好藏在床下。

宋徽宗给李师师带来新进贡的橙子，那时吃橙子跟我们现在吃菠萝差不多，又是切，又是剥，然后慢慢用盐水泡，再就是小口品尝，窃窃私语。

周邦彦藏在床下，大气也不敢出，偏偏一字一言，都那么真切地传进了耳朵。起初还有些别扭，后来也就释然了，人家是皇帝嘛。文人就是文人，闲着也是闲着，你们聊，你们吹，我思考，我构思。

时间到了三更，宋徽宗终于走了，周邦彦终于可以出来了，虽然没有了浪漫的情致，可一首绝妙好词，已然完成。

少　年　游

并刀如水，吴盐胜雪，纤手破新橙。锦幄初温，兽烟不断，相对坐调笙。　低声问：向谁行宿？城上已三更。马滑霜浓，不如休去，直是少人行。

按说周邦彦给李师师写一首词并不算什么，就算是揭露了皇帝的隐私，也只是你知我知，可偏偏李师师这次缺了个心眼，在徽宗再来时，她竟唱了这首《少年游》。

让皇帝难堪当然不是闹着玩的，要是朱元璋，周邦彦的小命就不保了，李师师怕也是死罪可免，活罪难逃。凡事都有例外，更何况是一个丢得起江山的人。也许是恃宠，也许是李师师吃透了宋徽宗。总之，她实话实说。宋徽宗只是露出了不快的神情，并没有责怪李师师。

毕竟是男人，毕竟是一国之君。徽宗找来了宰相蔡京，说，有一个税务官叫周邦彦，工作很不称职，怎么不见你们处分的报告？蔡京丈二和尚摸不着头脑，只好说调查后再汇报。蔡京找来了市长，市长也是一头雾水，只好据实禀报，说周邦彦的工作是最优秀的。蔡京说："那也不行，这是皇上的旨意。"

就这样，周邦彦被贬到了地县，成了一名基层干部。

李师师自然要去送行，周邦彦与红粉佳人告别，心里很酸，一腔郁闷化作了一首好词。

兰　陵　王　柳

柳阴直，烟里丝丝弄碧。隋堤上、曾见几番，拂水飘绵送行色。登临望故国，谁识，京华倦客？长亭路，年去岁来，应折柔条过千尺。　闲寻旧踪迹，又酒趁哀弦，灯照离席。梨花榆火催寒食。愁一箭风快，半篙波暖，回头迢递便数驿，望人在天北。　凄恻，恨堆积！渐别浦萦回，津堠岑寂，斜阳冉冉春无极。念月榭携手，露桥闻笛。沉思前事，似梦里，泪暗滴。

事情就是这么巧，李师师去送周邦彦，宋徽宗又去找李师师，害得皇帝等了很长时间。也许是大智若愚，李师师这次又说了实话。徽宗就问："周邦彦就没有留下什么词吗？"当然有，李师师就为徽宗演唱了这首《兰陵王·柳》。

周邦彦的词写得好，李师师唱得好，宋徽宗一高兴，就赦免了周邦彦。

这个故事许多书上都写，很多人都在讲，更有很多人据此演绎了更多的新故事，不仅扯进了张邦昌，还扯进了宋江、燕青等。下面我们看看宋江在李师师处写的一首词。

念　奴　娇　宋江

天南地北，问乾坤、何处可容狂客？借得山东烟水寨，来买凤城春色。翠袖围香，鲛绡笼雪，一笑千金值。神仙体态，薄幸如何消得！

想芦叶滩头，蓼花汀畔，皓月空凝碧。六六雁行连八九，只等金鸡消息。

义胆包天，忠肝盖地，四海无人识。离愁万种，醉乡一夜头白。

自怜幽独

上面的故事，我们的依据是宋人张端义的笔记，按此说，宋徽宗最欣赏周邦彦的《兰陵王·柳》，因为此词，还赦免了周邦彦。其实，赦免是十年后的事情，这次被贬，周邦彦整整浪荡了十年，最后，在当了一任溧阳县令之后，才返回了朝廷。

据《浩然斋雅谈》，宋徽宗最欣赏的周邦彦的词是《六丑》。当然，也有一个很动人的故事，当然也和李师师有关。故事是这样的：

有一次，皇上赐宴，在这次宴会上，李师师唱了周邦彦的两首词：《大酺》、《六丑》。我们先看看这两首词。

大　　酺　春雨

对宿烟收，春禽静，飞雨时鸣高屋。墙头青玉旆。洗铅霜都尽，嫩梢相触。润逼琴丝，寒侵枕障，虫网吹黏帘竹。邮亭无人处，听檐声不断，困眠初熟。奈愁极频惊，梦轻难记，自怜幽独。　行人归意速。最先念、流潦妨车毂。怎奈何、兰成憔悴，卫阶清羸，等闲时、易伤心目。未怪平阳客，双泪落、笛中哀曲。况萧索、青芜国。红糁铺地，门外荆桃如菽。夜游共谁秉烛？

六　　丑　蔷薇谢后作

正单衣试酒，怅客里光阴虚掷。愿春暂留，春归如过翼，一去无迹。为问花何在？夜来风雨，葬楚宫倾国。钗钿堕处遗香泽，乱点桃蹊，轻翻柳陌，多情为谁追惜？但蜂媒蝶使，时叩窗槅。　东园岑寂，渐蒙笼暗碧。静绕珍丛底，成叹息。长条故惹行客。似牵衣待话，别情无极。残英小，强簪巾帻；终不似一朵、钗头颤袅，向人欹侧。漂流处，莫趁潮汐。恐断红尚有相思字，何由见得。

宋徽宗听后，十分喜欢，尤其是《六丑》。由于曲调是周邦彦自创的，对《六丑》这个词牌，徽宗百思不得其解，于是就问教坊使（相当于中央歌舞团团长）袁绹，袁绹也不明所以，笼统地回答："这是周邦彦创作的。""那还愣着干什么？快去找呀。”徽宗显然有些急不可待。不一会儿，周邦彦来了，他解释说：“这首词共同了六种不同的调子，都是很好听的调子，但是特别难唱。传说中的五帝之一，颛顼高阳氏有六个儿子，品行高尚但相貌丑陋，所以用来比喻这六种调子，因此叫《六丑》。”

知音难觅，惺惺相惜，徽宗打算把周邦彦留在身边，写一些歌功颂德的词，就让蔡京去安排。不料周邦彦却让蔡京碰了个软钉子，说：“我年纪大了，对年轻时的轻佻之作，很是后悔。”既然如此，徽宗只好作罢。

事情还不算完，因为有好事者。有一个叫张果的人，当时任起居郎，是皇上身边的人，一向与周邦彦不和。张果打听到周邦彦还在写词，便如获至宝，马上就反映给了蔡京，蔡又反映给了徽宗，周邦彦再次获罪被贬。

不过话又说回来，宋徽宗还算是厚道。在封建道统之下，徽宗给周邦彦来个新账旧账一起算，怕不是贬谪他乡能够了事的，弄不好还会株连到家人。比如，周邦彦遇到的是朱元璋，试想，他能有几个脑袋。

雪树寒禽图轴

张果所说的那首词叫《江南好》，是一次参加亲王的宴会时，写给舞女的。

江 南 好

歌席上，无赖是横波。宝髻玲珑攲玉燕，绣巾柔腻掩香罗。何况会婆娑！　无个事，因甚敛双蛾。浅淡梳妆疑是画，惺忪言语胜闻歌。好处是情多。

莫思身外

周邦彦自二十多岁入太学,大部分时间是在首都开封度过的。期间有两次离开,第一次是三十多岁的时候,原因是和宋徽宗争风吃醋,就是前面讲的写了《少年游·并刀如水》的那一次,这次离京前后约十年,先是在荆州、庐州教书,之后做了一任溧阳县令。溧阳离南京不远,离他的老家杭州也不是太远。

苏州离杭州很近,是周邦彦常去的地方。苏州有一位官妓叫岳楚云,是周邦彦的红粉知己,二人在苏州缠绵过一阵子,后来周邦彦因故离开,二人挥泪告别。

几年之后,周邦彦再次路过苏州,市长设宴招待,周邦彦本以为会在宴会上见到岳楚云,可并没有她的影子,只好向市长明言。市长说,很遗憾,周先生,岳楚云已经嫁人了。不过,她的妹妹就在现场,并介绍他们认识。也许是爱屋及乌,周邦彦对岳楚云的妹妹很热情。然而,感情是没法替代的。临别时,周邦彦写了一首词让她捎给岳楚云。

点　绛　唇　伤感

辽鹤归来,故乡多少伤心地。寸书不寄,鱼浪空千里。　凭仗桃根,说与凄凉意。愁无际。旧时衣袂,犹有东门泪。

岳楚云看后,泪流满面,连续哭了好几天。

就周邦彦的一生来看,其文人的习性远高于政治热情,所以,在地县担任闲散官员,虽然也有几分流落不得用的牢骚幽怨,大体上却是恬静淡然的。只有厌倦惆怅,没有愤愤不平,如下面这首词。

满　庭　芳

夏日溧水无想山作

风老莺雏,雨肥梅子,午阴嘉树清圆。地卑山近,衣润费炉烟。人静乌鸢自乐,小桥外、新绿溅溅。凭栏久,黄芦苦竹,疑泛九江船。　年年,如社燕,飘流瀚海,来寄修椽。且莫思身外,长近樽前。憔悴江南倦客,不堪听急管繁弦。歌筵畔,先安簟枕,容我醉时眠。

周邦彦的性格含蓄温和，不温不火。不论在哪里，都不会太满足，安闲中会带几分忧郁；无论在何时，都能自我排遣。有随遇而安的恬淡，也有不可复得的绵长回念。如他返回京城后写的《苏幕遮》，这种心态表现得很充分。

苏　幕　遮

燎沉香，消溽暑。鸟雀呼晴，侵晓窥檐语。叶上初阳干宿雨。水面清圆，一一风荷举。　故乡遥，何日去？家住吴门，久作长安旅。五月渔郎相忆否？小楫轻舟，梦入芙蓉浦。

洞天自乐

周邦彦晚年再次被贬。宋徽宗宣和二年（1120 年），被任命为提举南京（今河南商丘市南）鸿庆宫。不久，因事经杭州到了睦州。睦州即今之浙江建德，管辖范围相当于现在的桐庐、建德、淳安三县。在睦州，周邦彦做了一个梦，梦中写了一首词，叫《瑞鹤仙》。醒来后记下了全文，可不明白是什么意思。

瑞　鹤　仙

悄郊原带郭，行路永，客去车尘漠漠。斜阳映山落，敛余红犹恋，孤城阑角。凌波步弱，过短亭、何用素约。有流莺劝我，重解绣鞍，缓引春酌。　不记归时早暮，上马谁扶，醒眠朱阁。惊飙动幕。扶残醉，绕红药。叹西园已是花深无地，东风何事又恶？任流光过却，犹喜洞天自乐。

就在这一年，方腊在睦州起义，一路由桐庐向杭州进发。周邦彦慌忙从睦州出逃，奔向杭州老家。到杭州，入钱塘门，百姓纷纷逃难。此时，落日正挂在城楼的檐间，正是词中"斜阳映山落，敛余红犹恋，孤城阑角"所描述的景象。城内乱得难留，又跑了一天的路，饥肠辘辘，口渴体乏，真不知如何是好。突然，逃难的人群中有人喊他，原来是一个老乡的侍女，原本就很熟悉。侍女说："先生，你还没吃饭吧，要不我们去小饭馆先吃一点？"周邦彦求之不得，一顿猛吃，酒足饭饱之后才回过了神，思前想后，不禁哑然一笑，这不正是词中所写："凌波步弱，过短亭、何用素约。有流莺劝我，重解绣鞍，缓引春酌。"然而按词意，苦难还没有结束，赶快逃吧。带上家眷，北出城门，各处的寺院都已人满为患，只有一座年久失修的小庙，其藏经阁上还没有人，便暂时安顿，这就是"上马谁扶，醒眠朱阁"。当然，江浙一带，到处都是逃难的人群，周邦彦只好过江到了扬州，还没有来得及喘息，就听说方腊已占据了江浙，将强渡淮河、泗水。想到自己任职的鸿庆宫，有大厅可以居住，就带领全家往商丘赶。如此，“叹西园已是花深无地，东风何事又恶”又应验了。到开封后不久，周邦彦因病与世长辞，则“任流光过却，犹喜洞天自乐”又在他死后应验了。

梦中吟诗咏词的不少，能完整清晰地记录下来的不多，能在生活中一一应验的更是罕见。

烛影摇红

周邦彦做大晟府主管的时候，有人写了一首词，深得徽宗喜爱，词曰：

烛影摇红，向夜阑，乍酒醒、心情懒。尊前谁为唱《阳关》，离恨天涯远。无奈云沉雨散。凭阑干、东风泪眼。海棠开后，燕子来时，黄昏庭院。

徽宗虽然很喜欢，但嫌不够婉转丰满，让大晟府另作别调。周邦彦略加增减，以首句为词牌，成了一首新的曲子。

烛影摇红

芳脸匀红，黛眉巧画宫妆浅。风流天付与精神，全在娇波眼。早是萦心可惯。向尊前，频频顾眄。几回相见，见了还休，争如不见。　烛影摇红，夜阑饮散春宵短。当时谁会唱《阳关》，离恨天涯远。争奈云收雨散。凭阑干，东风泪满。海棠开后，燕子来时，黄昏深院。

有一个迂夫子，到老才弄了个闲散小官。他有好士之名，虽无力举荐，却乐此不疲。有一天，对客人说，来拜访我的人，我都是倒穿着鞋迎接，没有让一个读书人失望过，不知别人怎么议论我？客人回答说：“您老的作用很大，大家都在传唱《烛影摇红》。”“这是为什么？”客人回答说：“几回相见，见了还休，争如不见。”

几回相见，见了还休，争如不见。

周邦彦先生，能悟出这种境界，不愧是词之大家。

李清照　旷代才女无好梦

李清照是山东济南人。济南又叫泉城，地下水非常丰富，不仅泉多，大大小小的湖泊也很多，比如大明湖，就是今天，仍然很大。雄伟的山，秀丽的水，地灵人杰。

在众多的泉水中，有一眼叫柳絮泉，李清照家就在柳絮泉的边上。

李清照像

李清照出身书香门第、官宦之家，从学习生活方面讲，条件相当优越，然而她所处的时代却是极为动荡的。先是王安石变法之后数十年的党争，她和夫君赵明诚虽是“无党派”的知识界人士，但双方的父亲却是党派成员，尤其是赵明诚的父亲赵挺之，是新党的骨干成员。夹在两党之间，生活感情，尤其是家庭成员之间的情感，是很难维系的。作为政府官员，政治立场是至关重要的，所谓“屁股决定脑袋”，这是中国官场的传统。因此，当李清照的父亲李格非，莫名其妙地受到旧党牵连丢官时，李清照去找公公赵挺之，赵挺之理都没有理。好在李清照不是官场中人，赵明诚也只是把做官当作上班，只为工资，不为什么理想抱负，二人的心思全在学问上，因此能相敬如宾。

党争不过是毛毛细雨，靖康之变，改朝换代，翻天覆地。在这次大变革中，许多人的命运发生了变化，李清照自然也不例外，逃难的过程中，家破夫亡，世情冷漠中，还经历了失败的婚变。她的亲戚秦桧两度为相，但因是投降派、是奸臣，与李清照等几乎不相往来。因为李清照虽是女流，却有一腔热血，有诗为证。

夏日绝句

生当作人杰，死亦为鬼雄。

至今思项羽，不肯过江东。

我们这本书是讲故事的，话题是宋词，关于李清照的家庭背景就讲这么多。为了便于理解李清照的词，我们绘了一幅关于李清照家庭及社会成员关系的图。

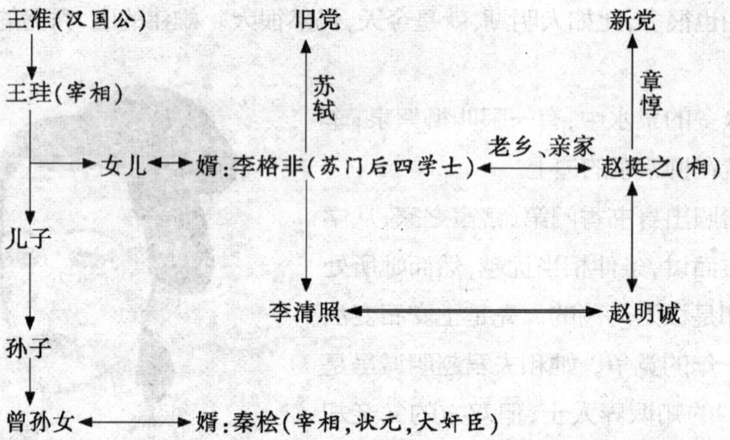

柳絮泉畔

太阳偏西了，母亲才让李清照坐上小船，在柳絮泉一带散心。她一再嘱咐：太阳落山之前，必须回家。离开家融入大自然的李清照，就像出笼的小鸟，自由自在，再不为许多的礼数所缠绕。虽然带着贴身丫鬟，却是自己奋力划桨，浪花打湿了衣服，她也毫不在意。

夕阳西下，晚霞满天，水边的凉亭，城中的楼阁，被落日的余晖轻轻地披上了一层薄薄的纱。李清照被这美丽的景色陶醉了。也许是累了，她静静地坐在小船上任凭小船自由飘荡。

太阳已经下山，是回去的时候了，李清照却不慌不忙，依然漫无目的地随小船飘荡，时不时还要唱上几支曲子，尤其是那首描写打秋千的词。

点 绛 唇

蹴罢秋千，起来慵整纤纤手。露浓花瘦，薄汗轻衣透。　见客入来，袜刬金钗溜。和羞走。倚门回首，却把青梅嗅。

荡秋千虽然好玩，但毕竟在自家院落，哪有这大自然中的畅快。

天就要黑了。游兴已尽，赶快回家吧。

到底还是孩子，竟然不看来时的路线，把小船划到了藕花丛里。前后左右都是一个样子，随着暮色的降临，她们真的急了。大家一起奋力划桨，打得水“啪啪”作响，船舷的两边激起了层层浪花，惊得本已归巢的水鸟又飞上了青空。

一阵忙乎，她们已是香汗淋漓，却也走出了困境。回头一想，有惊无险，还增添几分的浪漫。李清照时常想起这段往事，挥笔填词，个人的幸福记忆，就成了我们的“文化遗产”。

如 梦 令

常记溪亭日暮，沉醉不知归路。兴尽晚回舟，误入藕花深处。争渡，争渡，惊起一滩鸥鹭。

李清照不仅喜欢打秋千、划船等户外体育活动，而且对室内智力游戏，如“打马”、“彩选”、“弈棋”等等博戏也有广泛的兴趣。南渡以前，她的生活安定、幸福，闺门多暇，茶余饭后常常和二三女伴在绿窗之下玩“打马”。她争强好胜、专心致志、技艺精湛，可以说是一位玩“打马”的“特级大师”。南渡以后，绍兴四年(1134 年)冬，她避乱金华时，将“打马”绘成图例，并撰写了《打马图经序》和《打马赋》，对这种博戏做了详细的说明、深入的研究和精彩的评论。“打马”已经失传，后人想要了解这种博戏就不能不阅读李清照的上述著作。

青少年的李清照就是在这样一个十分优越的家庭环境里，通过勤奋学习和各种有益于身心健康的体育娱乐活动逐渐长大的。她是一个博学多才、兴趣广泛、善于思考、富有进取心，德、智、体、美全面发展的奇女子。

京华烟云

大约十四五岁的时候，李清照随家人从山东济南来到了首都开封。

李清照虽是大家闺秀，但并不是大门不迈，二门不出，有时也会和家人一起出来转转。下面我们剪几个李清照生活的片断，来认识了解这位伟大的女词人。

暮春时节，一个风雨交加的晚上，李清照独自一人在灯下读书将近三更。风雨依然不停，家人都已入睡，她感到有些寂寞，便小酌了几杯，适量的酒精使她很快进入了梦乡。

第二天早上醒来，酒意还没有完全过去，人略显困乏。丫鬟翠玉，已来到她的房间，卷起窗帘，收拾屋子。李清照一边穿衣起床一边对翠玉说：“打开窗子看看，花园中的那株海棠花怎么样了？”

翠玉机械地推开窗子向外瞅了瞅，说：“没有什么呀，还和昨天一样，开得鲜艳无比。”

李清照走到了窗前，指着海棠说：“怎么会呢，你仔细看，绿叶更大更茂盛了，可红花却变小了，不久就会凋谢的。唉！”

翠玉并没有感觉到李清照情绪上的变化，回头去干活了。李清照在窗前站了好长时间，由海棠的绿肥红瘦，想到人生苦短，心中涌起了一股莫名的闲愁。

这可能是个“演义”的故事，其根据就是李清照的《如梦令》。

如 梦 令

昨夜雨疏风骤，浓睡不消残酒。试问卷帘人，却道海棠依旧。知否？知否？应是绿肥红瘦！

《如梦令》词意图——明刊本《诗余画谱》

李清照十七岁那年，京师苦旱。在夏秋之交，开封府按照朝廷的指示，组织了一场浩大的求雨仪式，正是在这场求雨仪式中，随父亲看热闹的李清照在大佛寺邂逅了赵明诚。

真是心有灵犀一点通，仅仅一面之缘，爱情的种子就在二人的心中扎下了根，尤其是赵明诚，辗转反侧，度日如年。也许是日有所思，夜有所梦，有一天晚上，他果真做了一个奇怪的梦。

梦中他读了一本十分奇异的书，但醒来后却只记住了书中的三句话："言与司合，安上已脱，芝芙草拔。"

赵明诚百思不得其解，便请父亲为自己圆梦。赵明诚的父亲赵挺之时为礼部副部长，见多识广，多才多艺，于是为他解梦说："'言'与'司'合起来就是'词'，'安上已脱'是'女'字，'芝芙草拔'就是把这两个字的草字头去掉，也就是'之夫'二字，把这几个字合起来，就是'词女之夫'，这就是说，你要娶女词人做媳妇。"

说完之后，赵挺之笑了笑就走了，赵明诚却涨红了脸。

这个故事也许是赵明诚编的，他的两位哥哥就这么看。赵明诚的目的是让父亲去李家提亲，也就是说自己有了意中人，别的大家闺秀、窈窕淑女，他是看不上的。

不管怎么说，公元1101年三月，二十一岁的赵明诚和十八岁的李清照结婚了。从此，李清照结束了天真烂漫的少女时代，开始了人生旅途中最幸福最美满的一段岁月。

婚后，赵明诚仍在太学读书，但也时常回家。李清照仍然是读书写词，丫鬟翠玉仍然在她身边。有时她们一起郊游，但更多的是赌诗论文。

一天早上，二人在赵府门口的一条小巷散步，碰上了一个卖花姑娘，二人买了几枝，回家后经过修剪插在了瓶中。就这一件事，李清照写了一首词。

减字木兰花

卖花担上，买得一枝春欲放。泪染轻匀，犹带彤霞晓露痕。 怕郎猜道，奴面不如花面好。云鬓斜簪，徒要教郎比并看。

读万卷书，行万里路。

赵明诚完成太学的学习后，照例要去游学，这是小两口的第一次分离，而且时间还比较长,送别是少不了的。

天高气爽的初秋,婀娜多姿的垂柳下,清清的池塘边,这是赵明诚和李清照话别的地方。从词可看出,赵明诚是坐船走的,这就是词中所说的"独上兰舟"。

二人已经说了好多的体贴话,眼看船就要开了,李清照把一块叠好的锦帕塞到了赵明诚的衣袋里,深情地说:"如果想我了,就拿出来看看吧。"

赵明诚点了点头,轻轻地挥了挥手,低声说:"这次外出游学,要过一段时间才回来,你可要多多保重啊!"

李清照送给赵明诚的锦帕,不是一般的锦帕,上面有李清照亲笔书写的一首词——

一剪梅

红藕香残玉簟秋。轻解罗裳,独上兰舟。云中谁寄锦书来?雁字回时,月满西楼。　花自飘零水自流。一种相思,两处闲愁。此情无计可消除,才下眉头,却上心头。

到山东去

李清照十七岁到京,十八岁结婚,二十四岁离京,前后七八年的时间,却经历了许多事。恋爱、结婚,婚后的生活幸福美满,丰富多彩且充满情趣。可好景不长,先是父亲倒霉,可能是因为苏轼,被列入"元祐党人",不仅罢官,还被逐出京城;更令李清照悲哀的是公公赵挺之的冷漠,自己虽然写诗求救,可赵挺之竟没有理会。整完旧党,这些新党就自己斗自己,蔡京和赵挺之就是一对冤家,斗争的结果是赵挺之再次被罢相,不久便一命呜呼。

李家的衰败,赵挺之的死,使这两个没有工作的啃老族,在生活上陷入了困境。于是他们决定到赵明诚的老家山东青州去居住,一来可远离政治斗争的漩涡,二来可凭借家产(主要是地,可收租金)生活。

大观元年(1107 年)秋,赵明诚和李清照带着他们所收藏的古器、书画(其中相当一部分是赵明诚的藏品)以及一部分行李,告别亲人,来到了山东青州,开始了十年"屏居乡里"的生活。赵明诚将书房命名为"归来堂",表示要向陶渊明学习,决心归隐田园;李清照则将居室命名为"易安室"。易安一词出于陶渊明的《归去来兮辞》中的"审容膝之易安",意为安心居住于狭小简陋的屋子里,这便是李清照号"易安居士"的由来。

某一天，雪霁天晴，一轮红日喷薄而出，万道霞光映着皑皑白雪，将齐鲁大地装点得无比绚丽。傍晚，赵明诚和李清照在院子里摆上一张小桌、两把椅子，备上一壶酒和几碟小菜，夫妻二人穿上厚厚的冬衣，悠闲自得地在庭院中一边举杯对酌，一边欣赏即将盛开的腊梅。

四景山水图

坐得久了，二人便起来走走。这时，一轮明月已然悬于东方的天空，淡淡的月光洒落在院子里，洒落在梅花枝头，与地上的积雪交相辉映，形成了一个玲珑剔透的银色世界。

趁着月色，踏着白雪，李清照徘徊于腊梅之下。已经走了好几圈，赵明诚也不说话，只是亦步亦趋，他知道李清照正在作词——构思。

突然，李清照停了下来，严肃的表情不见了，笑盈盈地说："我构思了一首小词，想吟给你听听，希望多多指教。"

"洗耳恭听。"赵明诚并不意外，但有一种异样的感觉，今天这首词怕不同一般。急于知道新词的赵明诚，只是简练地回答了四个字。

李清照低音曼声，吟出了下面的词。

渔家傲

雪里已知春信至，寒梅点缀琼枝腻。香脸半开娇旖旎。当庭际，玉人浴出新妆洗。　造化可能偏有意，故教明月玲珑地。共赏金尊沉绿蚁。莫辞醉，此花不与群花比。

上下一家人，靠那几十亩地，难免坐吃山空，更何况赵明诚还要收购藏品，他们已经变卖了一些家产,典当了一些珠宝首饰,但依然入不敷出。就在这个时候,赵明诚接到了出知莱州的诏书,就是让他当莱州市市长的任命书。迫于生计,赵明诚走马上任,可这样一来,李清照就只能独守空房了。下面两首词就作于这个时候,反映了李清照的内心世界。

凤凰台上忆吹箫

香冷金猊,被翻红浪,起来慵自梳头。任宝奁尘满,日上帘钩。生怕离怀别苦,多少事、欲说还休。新来瘦,非干病酒,不是悲秋。

休休,者回去也,千万遍《阳关》,也则难留。念武陵人远,烟锁秦楼。惟有楼前流水,应念我、终日凝眸。凝眸处,从今又添,一段新愁。

蝶　恋　花　离情

暖雨晴风初破冻。柳眼梅腮,已觉春心动。酒意诗情谁与共?泪融残粉花钿重。　乍试夹衫金缕缝。山枕斜攲,枕损钗头凤。独抱浓愁无好梦,夜阑犹剪灯花弄。

看来酒意诗情的洒脱也挡不住空闺的冷清寂寞,缺少了赵明诚的春天,纵有"赌书消得泼茶香"的美好回忆,也枉然。

寂寞的李清照,不但喝酒写词,当然也写信,给赵明诚写信,比如著名的《醉花阴》就是李清照写给赵明诚的情书。

醉　花　阴

薄雾浓云愁永昼,瑞脑消金兽。佳节又重阳,玉枕纱厨,半夜凉初透。　东篱把酒黄昏后,有暗香盈袖。莫道不消魂,帘卷西风,人比黄花瘦。

赵明诚接到信后,反复吟诵,仔细品味,激动的心情难以平静。他对妻子卓越的文学才能十分赞赏,但自己也是饱读诗书,出身名门望族,老是被夫人压一头,总觉得不是滋味。

于是,赵明诚谢绝宾客,班也不上,闭门苦思,整整三天三夜,绞尽脑汁写了五十首《醉花阴》,心想总有一首能超过李清照吧。于是,把李清照的那一首重抄一遍，和自己的五十首放在一起，准备请人品评。

的确很困了，还是先好好睡上一觉，待来日让行家里手说话。可就在这时，陆德夫来访。陆德夫是赵明诚的好朋友，当时著名的诗人。有朋自远方来，不亦乐乎？赵明诚很高兴，热情接待。更让赵明诚高兴的是，陆德夫可以为自己三天的煎熬给个结果。

赵明诚把陆德夫请到书房，把那五十一首《醉花阴》放在桌上，说："我三天三夜，填了这些词，恳请陆兄指教。"

陆德夫看了又看，翻过来翻过去，最后留下了一页，忍不住击掌大叫："好词，好词！"

"小弟涂鸦之作，请勿见笑。"话虽这么说，赵明诚还是喜上眉梢。

"三天之内就写下这么多词，可见赵兄才思敏捷。不过，在我看来，上乘之作，只有三句，而这三句一定会是千古绝唱，一定会流传百世。"

"哪三句？"赵明诚有些急了。

"莫道不消魂，帘卷西风，人比黄花瘦。"

赵明诚张口又结舌。

分别得久了。

李清照决定去莱州，去陪伴自己的丈夫。出发之前，众邻里和姊妹们特意前来为她饯行，一遍又一遍的《阳关》送别曲，一声又一声的真诚祝福，令李清照很感动。途经昌邑，回味送别的场景，写了一首《蝶恋花》，作为答谢信，寄给了众姊妹。

蝶恋花

晚止昌乐馆寄姊妹

泪湿罗衣脂粉满，四叠阳关，唱到千千遍。人道山长水又断，萧萧微雨闻孤馆。　惜别伤离方寸乱，忘了临行，酒盏深和浅。好把音书凭过雁，东莱不似蓬莱远。

李清照于公元1121年八月到达莱州，主持家务之后，一切都变了样，还原了一个舒适温馨的家。

欲语泪先流

1127年的“靖康之变”,把耽于歌舞的赵宋王朝带进了痛苦的深渊。“靖康之变”带给社会的变化是巨大的,带给文学的变化也是巨大的。士大夫们的品格在变,文学创作上的风气也在变。亲身经历了亡国破家的李清照,词风也有了很大的转变。

李清照的确是苦命人,结婚多年,膝下无儿无女,金兵打来,一路亡命天涯,吃尽了苦不说,丈夫也离她而去。好不容易在杭州安定了下来,可又碰上了骗子张汝舟,稀里糊涂,经历了一场短命的失败的婚姻,不仅感情被玩弄,声名也受到了很大的损害。更可气的是,弟弟李迒扮演了一个很不好的角色,自己那么轻易地上当,与李迒有直接关系。

关于李清照与张汝舟的那场婚姻,有各种说法。由于史料不足,许多都是演义的故事。我不想再去演义,只给大家介绍大致的情况。

这年李清照四十九岁,数年的奔波之后,暂时在杭州安定下来,寓居在弟弟李迒家。

张汝舟,四十六岁,不学无术,却善于投机钻营,尤其擅长行贿。不知怎么弄的,在皇宫找上了关系,于是弄了一小官。对于李清照,他早有耳闻,尤其是那些古玩字画,简直是无价之宝,如果弄到手,东送西赠,打通关节,对以后的前程是很有帮助的,有了这种心思,张汝舟便设法与李清照接近。

巧的是张汝舟丧妻不久,他追李清照是明媒正娶,是娶妻不是纳妾。据说这个张汝舟的外貌还是相当不错的,不仅口才好,而且胆子大,什么都敢说,他蒙骗了李迒,在李迒的鼓动下,张汝舟如愿地娶到了李清照。

结婚后不久,张汝舟就发现自己“上当”了,李清照的东西丢得差不多了,剩下的一些也决不让他染指。竹篮子打水一场空的张汝舟,气急败坏,原形毕露,不断对李清照实施家庭暴力。李清照也发现自己上当了,道貌岸然的张汝舟原来是一个无耻小人。

离婚是解脱的唯一办法,协议不成,不得已的李清照将张汝舟告上了法庭。枷锁是打碎了,张汝舟得到了应有的惩罚——革职之后在柳州监督改造,可自己也付出了极大的代价,声名扫地不说,还要面对两年的牢狱之灾。

好在有个綦崇礼的朋友从中斡旋,免了两年的徒刑。尽管这样,李清照在看守所还是待了十几天。

一连串的沉重打击，并没有使李清照产生悲观绝望的厌世情绪，她依然顽强地活着，不停地挥动着手中的笔，不仅完成了赵明诚的未竟事业——《金石录》，还写下了许多好词。

武 陵 春

风住尘香花已尽，日晚倦梳头。物是人非事事休，欲语泪先流。

闻说双溪春尚好，也拟泛轻舟。只恐双溪舴艋舟，载不动许多愁。

愁和恨本来就是抽象的东西，要写得有新意，的确很难，这方面的名家大多采用了物化的手法，即将抽象的愁或恨转化成具体的事物描写。李煜将愁变成了水：问君能有几多愁，恰似一江春水向东流；秦观将愁变成了随水而流的东西：便做春江都是泪，流不尽许多愁；李清照则把愁搬到船上：只恐双溪舴艋舟，载不动许多愁；后来的董解元把愁从船上卸下，驮在了马背上：休问离愁轻重，向个马儿上驮也驮不动；王实甫更从马背上卸下来，装到了车子上：遍人间烦恼填满胸臆，量这些大小车儿如何载得起。

偏安一隅的南宋朝廷，通过割地赔款和金政权签订了停战协议，战火暂时熄灭，相对稳定的局面渐渐形成，贪图享乐的朝廷，便急不可耐地办起了元宵灯会。有人约李清照一起去观灯，可李清照没有去，但这却勾起了她对往事的回忆。当年在开封，她曾不止一次看过元宵灯会，可眼前，真是欲语泪先流。

永 遇 乐

落日熔金，暮云合璧，人在何处？染柳烟浓，吹梅笛怨，春意知几许！元宵佳节，融和天气，次第岂无风雨？来相召，香车宝马，谢他酒朋诗侣。 中州盛日，闺门多暇，记得偏重三五。铺翠冠儿，捻金雪柳，簇带争济楚。如今憔悴，风鬟霜鬓，怕见夜间出去。不如向、帘儿底下，听人笑语。

李清照的晚年，是悲惨凄苦的。不再抛头露面，只是默默无闻地过着清贫苦闷的生活，尤其是六十三岁后，如同销声匿迹一般。著名的《声声慢》，记叙了这个时期李清照一天的生活片断。

声声慢

寻寻觅觅，冷冷清清，凄凄惨惨戚戚。乍暖还寒时候，最难将息。三杯两盏淡酒，怎敌他晚来风急。雁过也，正伤心，却是旧时相识。　满地黄花堆积，憔悴损，如今有谁堪摘？守著窗儿独自，怎生得黑！梧桐更兼细雨，到黄昏、点点滴滴。这次第，怎一个愁字了得！

漂泊，一生都在漂泊的李清照，漂得太远，漂得太久了。在漂泊中，她失去了一切，最后连灵魂也注入笔端留给了后人。她一无所有，回不到故乡，便化作了春泥。也许，就在西湖边上的某棵树下。

陆游 但悲不见九州同

有一个这样的传说，一位母亲做了一个梦，梦见了秦观秦少游，秦观是北宋很有名的才子，词写得非常好，是“苏门四学士”之一。做完这个梦她就怀孕了，生了一个男孩，认为是秦观转世，于是起名游，字务观。这便是有“小李白”之称的陆游。

陆游像

只有香如故

陆游积极主张抗金，反对朝廷妥协投降的政策。可在当时，投降派的势力很强大，他们不断对陆游等抗战派打击报复，给陆游扣上“不拘礼法”、“宴饮颓放”等帽子，结果是不升反降，让他去管理一个道观，而且还是名义上的。

不断遭受打击，陆游心中十分郁闷，多少也有些悲观情绪，想找朋友们聊，可这种事哪能说得清呢，无非是举杯浇愁，结果只能是愁更愁。算了吧，还是出去走走吧。

天色已黄昏，灰蒙蒙的空中，细雨迷蒙。陆游漫步到了一座驿站旁边，还是一座年久失修、破败不堪的驿站，冷冷清清的景象，倒暗合了陆游的心境。

突然，驿外断残的小桥边，一株梅花正在盛开，孤独的梅花，高傲、圣洁，挺立在风雨之中，这不正是诗人的象征吗！陆游不禁心潮滚滚，仔细端详了一会儿，转身朝自己的住处走去。当天夜里，在淡淡的灯光下，陆游写下了《卜算子·咏梅》。

卜　算　子　咏梅

驿外断桥边，寂寞开无主。已是黄昏独自愁，更著风和雨。　无意苦争春，一任群芳妒。零落成泥碾作尘，只有香如故。

晚年的毛泽东也写过一首《卜算子·咏梅》，气势风格与陆游的大不相同，对比着看，更有味道。词曰：

卜　算　子　咏梅　　　　毛泽东

风雨送春归，飞雪迎春到。已是悬崖百丈冰，犹有花枝俏。　俏也不争春，只把春来报。待到山花烂漫时，她在丛中笑。

尽管冰枝悬挂于危崖，朔风呼啸于旷野。可是梅花偏偏要在这时候怒放。她置寒风于不顾，视冰雪如温床，由此越发显得俏色夺目。

没有承受过巨大的压力，参不透这样的梅魂。没有经历过严峻的挑战，画不出这样的梅骨。"犹有花枝俏"，一个"俏"字多么传神，多么美丽。美得劲拔，美得潇洒，美得机智，美得妙趣横生。更为传神的是"俏也不争春"。山花烂漫，遍野飘香之际，她不会故作清高，而是躲在万花丛中露出会心的微笑。

没有猎猎的真情大志，悟不到这样的梅趣。没有浩浩的理想胸怀，写不出这样的梅神。

山盟虽在，锦书难托

这是一个非常有名的爱情故事，有名在凄美的情节，更有名在故事中的两首《钗头凤》词。

二十岁的陆游，风流倜傥，才华横溢。表妹唐婉，美丽动人，多才多艺。二人在父母之命、媒妁之言的传统礼仪之下结婚，婚后感情真挚，形影不离。

出则双双对对，在家则是陆游苦读，唐婉添香。恩爱的夫妻相偎相依，对未来充满了美好的憧憬。可是幸福美好的生活没过上几年，陆母唐氏就节外生枝，对本是侄女的唐婉越来越看不上眼，竟要陆游休了她。对此，许多人想不明白，尤其是陆游。当初也是你们包办的，现在我们过得好好的，却要拆散我们，真不知是何道理。

唐氏的道理很简单，你们太恩爱了，整天在一起甜甜蜜蜜，肯定会影响陆游的学业。对陆游的才华，她是清楚的，金榜题名、光宗耀祖才是最最重要的。再说，几年了，唐婉都没有生孩子，便认定唐婉这位红颜是祸水，为了陆家，为了陆游的一生，唐婉必须离开陆游。

在那个时代，尤其在婚姻上，父母之命是不能违抗的，陆游也没有办法，便在偏僻之地找了一所住处，把唐婉安顿在那里，时常偷偷与其相会，暗地里继续做着夫妻。

可是，没过多久，这事又被老太太知道了，结果是立马离婚，唐婉走人，陆游闷在家里苦读。再不久，在父母的逼迫之下，陆游再娶，唐婉再嫁，二人又各自组织了家庭。陆游所娶王氏，有贤德，体贴丈夫，孝敬公婆，不断给陆游生儿育女，和和睦睦的生活日复一日，陆游心中的创伤也在慢慢平复，陆游对唐婉的思念也渐渐淡了，要不是那次沈园的邂逅，也许故事到这里就结束了。

宋高宗绍兴二十四年（1155年），陆游已经三十岁了。

此前两次的进士考试，由于奸相秦桧的捣乱，都名落孙山，最后还被取消了考试资格，这使陆游的前程一片黯淡（后来秦桧死了，陆游被赐进士出身，才正式进入官场），心情非常郁闷。

某一天，春光明媚，风和日丽，蜗居在家里的陆游独自到山阴（今浙江绍兴）禹迹寺南的沈园游玩，借以排除心中的苦闷。沈园，陆游和唐婉共同游览的地方。

沈园

沈园里游人并不多，陆游漫无目的地走过了一座小桥，来到了一个亭子，举目四望，风景旧曾谙。忽然，一个熟悉的背影，一个苗条的身影进入了他的视线，身边还有一个男子，亲密无间。

陆游不由自主地走了过去，离得不远时，那二人正好转过身来。女的正是唐婉，有些憔悴，没了往日的红润和光彩，虽然化了妆，但仍掩盖不住眼角细细的鱼尾纹。

四目对视的一瞬间，陆游心里如打翻了五味瓶，酸甜苦辣咸俱全。但他没办法，只是淡淡地应酬了几句，便匆匆离开了。

散心不仅没有驱赶走苦闷，反而勾起了心中久藏的痛。再没有心情走下去了，索性找了个地方，要了两样小菜，一壶绍兴老酒，独自喝起了闷酒。

走过来了一位服务员，从食盒中取出几样菜，还有一壶不错的酒，摆在陆游面前，说："这是赵相公让送来的，请您慢用。"

"哪个赵相公？"

服务员举手指了指，说："就是他。"

"明白了，请代我谢谢赵相公。"

自己喜欢的烤鸭片、凉拌肚丝，还有黄藤酒。他回想起了和唐婉在一起的幸福生活，一幕幕如在眼前……可满腔悲愤的陆游，一腔心事向谁诉说呢？

饮罢、思罢、想罢，陆游慢慢地站起身来，缓缓地走到园里的粉墙前，凝思片刻，提笔龙飞凤舞，题写了一首《钗头凤》。

钗头凤

红酥手，黄藤酒。满城春色宫墙柳。东风恶，欢情薄。一怀愁绪，几年离索。错！错！错！　春如旧，人空瘦。泪痕红浥鲛绡透。桃花落，闲池阁。山盟虽在，锦书难托。莫！莫！莫！

写完之后的陆游，拖着沉重的脚步，怀着无尽的思念，慢慢走出了沈园。

《钗头凤》

数日之后，唐婉再到沈园，看到了陆游的这首词，极其悲伤，但却不能表现出来，因为赵士程是无辜的。巨大的精神悲痛深深埋在唐婉的心里，时时刻刻折磨着唐婉，有词为证：

钗头凤　　唐婉

世情薄，人情恶，雨送黄昏花易落。晓风干，泪痕残。欲笺心事，独语斜栏。难！难！难！　人成各，今非昨，病魂长似秋千索。角声寒，夜阑珊。怕人寻问，咽泪装欢。瞒！瞒！瞒！

唐婉从此更加郁郁寡欢，心情一天比一天沉重，不久，便魂销辞世了。

唐婉的死，给陆游带来了很大的精神创伤，他一生都未能忘怀那段幸福温馨的生活，更无法忘怀与唐婉离婚的痛苦。

六十七岁时，陆游重游沈园，看到当年题《钗头凤》的半面破壁，触景生情，写了一首感怀诗：

禹迹寺南，有沈氏小园。四十年前，尝题小阕壁间。

偶复一到，而园已三易主，读之怅然。

枫叶初丹槲叶黄，河阳愁鬓怯新霜。
林亭感旧空回首，泉路凭谁说断肠？
坏壁旧题尘漠漠，断云幽梦事茫茫。
年来妄念消除尽，回向蒲龛一炷香。

七十五岁时，陆游再游沈园，睹物思人，写下了《沈园》诗：

沈园二首

其一

城上斜阳画角哀，沈园非复旧池台。
伤心桥下春波绿，曾是惊鸿照影来。

其二

梦断香销四十年，沈园柳老不吹绵。
此身行作稽山土，犹吊遗踪一泫然。

八十四岁，陆游离世的前一年，再游沈园，怀念唐婉，写下了《春游》诗。

春　游

沈家园里花如锦，半是当年识放翁，
也信美人终作土，不堪幽梦太匆匆！

无计留她住

南宋乾道年间，四川的某个小地方，有一个很小的驿站，站中只有父女二人，父亲是驿卒，女儿既算是家属，也算是帮工。由于干的是公家事，倒也衣食无忧。

驿卒虽年过六旬，但身体硬朗，耳不聋眼不花。他的女儿聪明伶俐，志向远大，每天除了帮父亲照顾客人之外，总要抽时间读诗词，吟歌赋。由于是个小站，来往的客人不多，她有很多的时间学习，数年下来，已是小有所成，时不时还写些东西。

她是陆游的超级粉丝，梦想有一天能得到陆游的指点。

真是无巧不成书。

这一年，陆游调任夔州通判；这一天，陆游住进了这座驿站。

她很想结识陆游，当面向陆游请教，但地位悬殊，她不敢贸然行事。尽管她时常找机会去陆游的房间，可陆游并不怎么理会她，有时只是微微一笑，问都不问她一声。

深秋时节，站外落叶萧萧。她有些急了，陆游只是路过这里，过不了两天，他就会走的。

也许是急中生智，她想到一个好办法——墙壁题诗，这是古人发表作品最常用的方法，诗曰：

玉阶蟋蟀闹清夜，金井梧桐辞故枝。
一枕凄凉眠不得，挑灯起作感秋诗。

第二天早上，陆游吃罢早饭，照例要散散步。她写的那首诗陆游看到了，虽然站中只有三个人，但陆游还是不敢相信，这就是她的作品，便叫来驿卒询问。其实，诗中的含义是明白的，陆游不过想坐实罢了。

陆游仔细打量了她，端庄素雅，有几分才气，征得驿卒同意，陆游纳她为妾，带在了身边。

从此，她与陆游恩恩爱爱，她为他铺床叠被，他教她作诗填词。快乐的日子总是过得很快，不知不觉半年了，他们几乎是形影不离。这让陆游的夫人王氏很不高兴，找个借口把她赶走了。

临行的那天，她写了一首词，是专门给陆游写的，词曰：

生查子　　驿卒女

只知眉上愁，不识愁来路。窗外有芭蕉，阵阵黄昏雨。　晓起理残妆，整顿教愁去。不合画春山，依旧留愁住。

陆游看到这首词时，她已经走了。

她连一个名字都没有留下，却给我们留下了一首诗、一首词、一个故事。陆游呢，就算他有难处，没有办法找回她，可他一生所写的九千多首诗，从没有提起过她，难道是因为她的出身吗？

始乱终弃，在那个时代，陆游也不能例外。

裘马锦江滨

陆游纳妾曾使家庭不和，以后就不再正式纳妾了。他在四川范成大幕府的时候，曾与一位官妓相恋，感情很是投入，有诗为证。

碧玉当年未破瓜，学成歌舞入侯家。
如今憔悴蓬窗里，飞上青天妒落花。

后来离开四川，天各一方，但还时常思念这位红粉佳人，不断写诗怀念。“箧有吴笺三万个，拟将细字写新愁。”抒写自己对意中人无限的甜情蜜意。“裘马清狂锦水滨，最繁华地作闲人。”向意中人倾诉自己投闲置散的愤懑。“悠然自适君知否，身与浮名孰轻重？”表现及时行乐而鄙视功名利禄的情怀。

晚年闲居山阴老家，那一段旧情仍是难以忘怀，作了一首《风入松》。

风入松

十年裘马锦江滨。酒隐红尘。黄金选胜莺花海，倚疏狂、驱使青春。弄笛鱼龙尽出，题诗风月俱新。　自怜华发满纱巾。犹是官身。凤楼常记当年语，问浮名、何似身亲。欲寄吴笺说与，这回真个闲人。

陆游的潇洒风雅，由此可见一斑。

心在天山，身老沧州

在范成大幕府工作前，陆游曾到四川宣抚使王炎军中任职，大概是分管军纪的高级参谋，工作地点在今陕西汉中，是兵家必争之地。此时的陆游极其兴奋，斗志昂扬，协助王炎积极准备北伐。

宋孝宗乾道八年（1172年）七月十六日，陆游和几位同僚登上了城西北的高兴亭，一边饮酒赏景，一边指点江山，想到已沦陷四十多年的长安，不禁悲从中来，慷慨悲歌。

秋　波　媚

七月十六晚登高兴亭，望长安南山。

秋到边城角声哀，烽火照高台。悲歌击筑，凭高酹酒，此兴悠哉！

多情谁似南山月，特地暮云开。灞桥烟柳，曲江池馆，应待人来。

遗憾的是，仅仅半年多的时间，朝廷内部就发生了变故，投降派重新掌权，主战派受到打击，指挥部被解散，王炎被调回朝廷，陆游回成都待命。

“我本将心向明月，奈何明月照沟渠。”陆游纵有一腔热血，可有力没处使，只能仰天长啸。晚年隐居山阴老家，依然壮心不已，时刻梦想着王师北伐，收复中原。一天晚上，他果真做了一个梦，意气风发的陆游，在抗敌前线，奔驰在万马军中……

突然醒来，窗外一钩弯月，冷清黯淡。

已经年过花甲的陆游，一生都想恢复中原，保家卫国，可一事无成，何尝不是一场大梦。

陆游流泪了。

他没有别的办法，只能将心事变成文字，留给世世代代的后人，当然也包括我们。

诉　衷　情

当年万里觅封侯，匹马戍梁州。关河梦断何处，尘暗旧貂裘。

胡未灭，鬓先秋，泪空流。此生谁料，心在天山，身老沧洲。

历史的秋意，时代的风雨，英雄的本色，艰难的现实，共同酿成了这首悲壮沉郁的《诉衷情》，也共同酿成了陆游悲愤的一生。

陆游对在陕西军中任职的这段时光非常留恋，那一段是与他的理想抱负最接近的一段，虽然最终被投降派搅黄了，但他追念不已。七十岁时，追忆往昔，写下了《谢池春》一词。

谢 池 春

壮岁从戎，曾是气吞残虏。阵云高、狼烟夜举。朱颜青鬓，拥雕戈西戍。笑儒冠自来多误。　功名梦断，却泛扁舟吴楚。漫悲歌、伤怀吊古。烟波无际，望秦关何处？叹流年又成虚度。

新愁常续旧愁生

宋孝宗兴隆元年（1163 年），张浚伐金失败，主和的投降派又在朝廷占了上风，作为主战派的陆游被贬镇江通判。次年春天，郁闷的陆游到镇江赴任。

有一天，陆游在街上偶遇了一位熟人，一个有鲜明政治立场（主战派）的人，一个有骨气的大丈夫，他便是韩元吉（字无咎）。二人异地相见，感到分外亲切，便经常在一起赏景郊游，吟诗饮酒，纵论天下大事。

两人有许多唱和的诗词，韩元吉编成了《京口唱和集》，陆游写了序，其中就有陆游的《浣溪沙·和无咎韵》。

浣 溪 沙 和无咎韵

懒向沙头醉玉瓶，唤君同赏小窗明。夕阳吹角最关情。　忙日苦多闲日少，新愁常续旧愁生。客中无伴怕君行。

韩元吉是北宋名臣韩维的四世孙，曾出使金国，观看过金国的歌舞演出。虽然在宴会上强颜欢笑，内心却是一阵又一阵的苦涩，和王维当年写凝碧池时的情境类似。当天晚上，韩元吉便创作了一首《好事近》，以抒发自己的独特感受。词曰：

好 事 近　　韩元吉

凝碧旧池头，一听管弦凄切。多少梨园声在，总不堪华发。　杏花无处避春愁，也傍野烟发。惟有御沟声断，似知人呜咽。

安史之乱，长安和洛阳都丢了，玄宗皇帝逃到了四川，大概是因为官小，王维没能同去，在长安做了俘虏。为了不参加伪政府，王维吃了一些药，便拉肚子，对别人说是得了传染病。安禄山一向爱怜王维，让人带到洛阳，软禁在普施寺，硬给他塞了一顶官帽。

一天，安禄山在凝碧宫中举行宴会，凝碧宫中有凝碧池，安禄山就叫乐工在池边演奏音乐，这些乐工不是从朝廷教坊中俘获的乐师，就是掠来的梨园弟子，都是身不由己。有个叫雷海清的乐师，是宫里来的，他很有气节，不肯为安禄山演奏，便扔掉乐器，向西（长安在洛阳以西）长跪，大哭不止。残忍的安禄山叫人在殿前杀了雷海清，还肢解了他的尸体，真是残忍之极。

王维听说后，既同情又悲伤，便偷偷写了一首诗：

万户伤心生野烟，百僚何日更朝天？
秋槐落叶深宫里，凝碧池头奏管弦。

镇江有座山叫北固山，山上有座名寺叫甘露寺，寺内有座楼叫多景楼，是镇江的名胜。因连年战乱，又年久失修，多景楼破败不堪，成了和尚的住所。甘露寺的住持多方募捐，派人维修，使多景楼又成了人们休闲赏景的地方。北固山下滨大江，三面环水，登楼遥望，淮南草木，历历可数。

竣工之日，由镇江府知府出面，邀请一些文人雅士、政府官员、社会名流贤达，游北固山，登多景楼，作为镇江通判的陆游自然在被邀之列。在这种场面，激扬文字是少不了的，如陆游，就写了一首《水调歌头·多景楼》。

水调歌头　多景楼

江左占形胜，最数古徐州。连山如画，佳处缥渺著危楼。鼓角临风悲壮，烽火连空明灭，往事忆孙刘。千里曜戈甲，万灶宿貔貅。

露黏草，风落木，岁方秋。使君宏放，谈笑洗尽古今愁。不见襄阳登览，磨灭游人无数，遗恨黯难收。叔子独千载，名与汉江流。

陆游八十五岁那年的冬天，病倒在了床上。他预感到在世上的时间不多了，他对后世做了安排，告诫孩子们说：“我家本是农民，再能为农，这是上策；杜门谢客，不应举，不求仕，这是中策；安于小官，不慕荣达，乃是下策。”除此三策之外，再无别的选择。仕宦无常，不去做官而去为农，没有什么值得遗憾的。无论子孙们的才分如何，都要让他们读书，要让他们懂得宽厚恭俭，不要与那些华而不实的人交往。针对社会流行的厚葬习俗，他反复强调：厚葬没有任何好处，用什么棺柩，当量力而行，不要被别人的议论所左右。棺柩埋在地下，好与不好没有什么两样。墓地石人、石虎一类的东西，一律不要。如果想做个标记，立一两个石柱就可以了。

然而，遗憾的是，他一生追求的恢复中原、统一国家的愿望未能实现。十二月二十九日，他把几个儿子都叫到床前，捧过纸笔，写下了最后的遗言：

示　　儿

死去元知万事空，但悲不见九州同。

王师北定中原日，家祭无忘告乃翁。

陆游先生走了，可他死不瞑目。

辛弃疾 平戎策换种树书

济南市西城区东南，有一个叫四风闸的小村庄，村中有一块三亩见方的土地八百年来都无人耕种，由村民自发养护，这便是辛弃疾的出生地。

辛弃疾父亲早逝，是由爷爷带大的。他的爷爷叫辛赞，是北宋的官员，曾任开封府知府。后来北宋灭亡，没来得及南下的辛赞，迫于一家几十口的生计，出仕金国。辛赞屈辱地活着，但并不甘于屈辱，把一切希望都寄托在了辛弃疾身上。辛弃疾不负所望，文才武功都是一流的，十七八岁时被地方官员推荐，到燕京参加了大金的进士考试。临行前爷爷语重心长地说："你这一去，要留心地理形势，为将来收复河山做些准备。"

辛弃疾像

辛弃疾转了一圈，做了一些实地考查就回来了。他故意没有考中，因为他已经为自己规划好了道路。不久，辛赞就去世了。

宋高宗三十一年(1161 年)，金主完颜亮大举南侵，在长江边上吃了大败仗，完颜亮也被内讧的部下所杀。这便是历史上有名的"采石大捷"。

在广大的金国占领区，不堪忍受苛政和压榨、渴望民族自由的人们，纷纷奋起反抗。如山东的耿京，就是比较大的一支，有二十余万人，在山东一带很有影响。辛弃疾聚众抗金，以济南南部山区为根据地，很快就发展成了一支 2000 人的义军，后来加入了耿京的队伍。

辛弃疾是有政治头脑的人，很快就成了耿京的左膀右臂。他一方面协助耿京扩张势力，壮大队伍，一方面寻找机会南归。有一个叫义端的和尚，也聚了千把人，经辛弃疾介绍，也加入了耿京的队伍。可不久，这个二百五就盗了耿京的大印跑了。辛弃疾单枪匹马，刀劈了义端，夺回了大印，从此，奠定了他在义军中的地位。

公元1162年，辛弃疾二十二岁，受耿京所托，只身南下，见到了宋高宗赵构，表达了回归朝廷、抵抗金国、恢复中原的愿望，并谈了自己的平戎之策。赵构自然很高兴，封了耿京、辛弃疾等人官职。辛弃疾立即北返，当他到山东海州时，却得到了一个坏消息，叛徒张安国杀了耿京投降了金国，原来的义军或逃、或死、或散，已所剩无几了。

一个夜晚，月黑风高，辛弃疾亲率几十骑精兵，直捣叛军大营，智擒张安国，以民族大义晓谕众人，带着一万多人，跨淮水、渡长江，翻山越岭，一路南下来到了朝廷。

可南宋朝廷并没有让辛弃疾带兵北伐，也没有采纳他的抗金复国之策。晚年的辛弃疾，每想起这段往事，总是扼腕叹息。

鹧鸪天

有客慨然谈功名，因追忆少年事，戏作

壮岁旌旗拥万夫，锦襜突骑渡江初。燕兵夜捉银胡𩍐，汉箭朝飞金仆姑。　追往事，叹今吾，春风不染白髭须。却将万字平戎策，换得东家种树书。

无人会，登临意

南归后的辛弃疾，始终无法实现光复河山、觅取封侯的理想，被频繁地调到各地任地方官。这一年，他被调到建康府任通判，建康就是今天的南京，是“六朝金粉”之地。作为当时南宋的腹地，这里汇聚了众多的仁人志士，辛弃疾常与他们结伴出游，对酒当歌，交流诗词。

这天，他们来到了赏心亭，同行的人都陆续回了，游人也稀少了，可辛弃疾依然靠着赏心亭的栏杆眺望着江天暮色。

几声大雁的鸣叫从空中传来，惊醒了悲愤的辛弃疾。他下意识地转过身来，抬头向北方的故乡望去。大雁都知道秋天时飞回旧地，可漂泊江南的游子却无家可归。

他想起了西晋时的张季鹰，他在洛阳看到秋风吹起，便想起了家乡鲈鱼的美味，于是弃官回家。可自己呢，家乡仍在金兵的铁骑之下，真是有家难归啊。

置几亩田地，盖几间草房，悄无声迹，终其一生，也是一种活法，东汉末年的许汜就是这样的。可这不是英雄所为，会让刘备那样的豪杰耻笑的，男子汉大丈夫，羞都羞死了。八年了，整整八年了，年华易逝，报国无期，怎不令人满怀愁肠？

英雄往往是孤独的，甚至是孤寂的，比如这位辛弃疾，有家难归，独自一人面对浩浩的江水难过伤心，连个擦眼泪的人都没有。

断续的大雁声在半空中回响，断续的泪珠在辛弃疾的脸上流淌。千万种愁和恨，凝聚成了一曲感人肺腑的《水龙吟》。

水龙吟

登建康赏心亭

楚天千里清秋，水随天去秋无际。遥岑远目，献愁供恨，玉簪螺髻。落日楼头，断鸿声里，江南游子。把吴钩看了，栏杆拍遍，无人会，登临意。　休说鲈鱼堪脍，尽西风、季鹰归未？求田问舍，怕应羞见，刘郎才气。可惜流年，忧愁风雨，树犹如此！倩何人唤取，红巾翠袖，揾英雄泪！

郁孤台下清江水

宋孝宗淳熙三年(1176年)，辛弃疾在赣州任提点刑狱之职。一天，他来到江西赣州西北田螺岭上的造口壁下，看着下面滚滚的清江水，一段心酸的往事涌现在他的脑际。那是发生在四十多年前的事。那时，辛弃疾还没有出生，他当然是听老人们讲述的。但那件事却深深打动了辛弃疾的心，使他难以忘怀。

高宗建炎三年(1129年)十月，金兵大举南侵，兵分两路。金国这次起兵的目的比较明确，就是消灭南宋政权的两个核心人物——高宗和隆裕太后。高宗是众所周知的，而隆裕太后能够成为金兵进攻的主要目标，还真有点传奇的意味。

隆裕太后是哲宗的皇后，姓孟，是哲宗的祖母高太皇太后给孙子选的媳妇。后来在变法派和保守派的斗争中，孟皇后成了牺牲品，但却因祸得福，躲过了北宋后妃都被金兵掠走这场大劫。徽宗钦宗被掳，北宋宣告灭亡。高宗赵构在南京(今河南商丘南)建立南宋。当时高宗还很年轻，处事不够练达，在大臣中威望不高。许多元祐老臣都很感念孟皇后的恩德，便把她请出来，协助高宗维系赵宋王朝。建炎三年三月，宋将苗傅、刘正彦等发动军事政变，将高宗扣押，请孟皇后出来主持政局。孟皇后既然出来，当然就要有名分。高宗是徽宗之子，徽宗是哲宗的弟弟。孟皇后是徽宗的嫂子，是高宗的伯母，当然就称太后了，所以这时的名号就是隆裕太后。

隆裕太后与苗刘二人巧妙周旋，后来使用计策，调韩世忠的妻子巾帼英雄梁红玉，带领经过严格训练的女兵进宫，解救了高宗，使南宋政权转危为安。这样，隆裕太后以其崇高的威望和杰出的政治才能赢得了当时朝野的衷心拥戴，成为比高宗还有凝聚力的南宋政权的核心人物。

她的这些举动被金国所探知，金国统治者非常懊悔，当初为什么没有把这个女人也掳到北国。于是，下决心要尽快消灭高宗和隆裕太后这两个人物。如果这一愿望得以实现，南宋政权就难以维系了。就在隆裕太后帮助高宗复辟的这年秋天，金国起兵，其中一路直奔隆裕太后而来。

当时，隆裕太后从吉州逃往赣州，金兵随后追击，直到太和县造口壁的郁孤台下，因隆裕太后乘船逃跑，下船后又逃进深山，金兵地形不熟，无法再追，隆裕太后才得以脱身。据当时目击者说，逃进山里的时候，隆裕太后身旁只有亲兵一百六十多人，隆裕太后的御鞋都跑丢了，可以想见当时的狼狈相。

望着造口壁，辛弃疾仿佛看到了当时金兵得意的狂笑和隆裕太后逃跑时的窘迫情景。这郁孤台下的清江之水，当初一定流进了许多逃亡之人的眼泪，时至今日，国家的奇耻大辱还没有洗雪，可朝廷中终日是文恬武嬉，不思振作，不思进取，使许多和自己一样的爱国志士壮志难酬。自己给朝廷上书，提出许多切实可行的好建议，但统治者却不予理睬。辛弃疾心潮难平，挥笔在造口壁上题《菩萨蛮·书江西造口壁》词一首。

菩萨蛮

书江西造口壁

郁孤台下清江水。中间多少行人泪。西北是长安，可怜无数山。

青山遮不住，毕竟江流去。江晚正愁余，山深闻鹧鸪。

斜阳正在，烟柳断肠处

宋孝宗淳熙六年（1179年），辛弃疾从湖北转运副使（管粮饷的官员）调任湖南转运副使。这时，他从北方金占区回归南宋已十八年，可恢复中原却毫无希望。这次调到南宋的后方湖南去，仍是管粮饷，离前线却越来越远了。辛弃疾的心情，自然是沉重而又怨愤的。他上任临行前，同僚好友王正之为他摆酒饯行。那是晚春的一天，刚刚下了一场雨，面对即将逝去的春光，辛弃疾思潮澎湃，感慨万千,写下了传诵千古的名作《摸鱼儿》。

摸 鱼 儿

淳熙己亥,自湖北漕移湖南,同官王正之置酒小山亭,为赋。

更能消几番风雨?匆匆春又归去。惜春长怕花开早,何况落红无数。春且住。见说道、天涯芳草无归路。怨春不语。算只有殷勤,画檐蛛网,尽日惹飞絮。　长门事,准拟佳期又误。蛾眉曾有人妒。千金纵买相如赋,脉脉此情谁诉?君莫舞,君不见、玉环飞燕皆尘土!闲愁最苦。休去倚危栏,斜阳正在、烟柳断肠处。

据南宋人罗大经《鹤林玉露》,宋孝宗看了这首词后,明白了词中的抱怨、讽刺之意,可并没有治辛弃疾的罪,是大恩一件。但我不这么看,辛弃疾是非常果断的人,处理事情有时不择手段,就是杀人也不太计较,有嗜杀的名声。当年他在江西镇压茶商起义,就杀了一些罪不当死的人。当然,效果比较好,起义很快就被平了,皇帝很高兴。

(非常时期用一些非常手段本是无可厚非的,可毕竟人命关天啊。)

如今湖南也不安定,让辛弃疾去或许能解决问题。这是孝宗皇帝的如意算盘。当然,是我以小民心度皇帝之腹。不久,辛弃疾就被任命为潭州知府兼湖南安抚使(相当于公安厅长),为湖南的治安和社会稳定做出了自己的贡献。当然,又有一批流寇、匪徒被杀,其中也有些是冤大头。

辛弃疾本来就是行伍出身,有武艺,有韬略,他的理想是在战场上统兵杀敌,恢复大宋的大好河山。然而历史与他开了一个大大的玩笑。南归之后,他没有统过兵,做了二十年的地方官,即使是平定所谓的茶商起义,也只能算是大型的治安事件,所率领的也是一些警察、保安而已,与统领野战军的正规战争是不能比的。

从四十三岁起,辛弃疾就在江西上饶开始了所谓的隐居生活。与其说是隐居,还不如说是闲居,因为他是不得已的。一个失落的人把全部能量注入了词,写下了大量爱国诗词。从此,战场上少了一位杀敌的将军,词坛多了一位战斗的词人。

稻花香里说丰年

辛弃疾闲居上饶的地方叫带湖庄园,他自称稼轩。这应该是个很大的庄园,所谓“筑室百楹”、“稻田秧秧”者是也。辛弃疾自己的诗文中常常提到的关于带湖庄园的地名就有许多,如带湖、南溪、篆冈、雪楼等。即使今天的上饶市,“带湖”仍然是标志性的名称,如带湖公园、带湖路、带湖山庄等。

在这样的环境中生活,应该是很惬意的,尤其是不想他的政治抱负的时候,如下面这首词:

西　江　月　夜行黄沙道中

明月别枝惊鹊,清风半夜鸣蝉。稻花香里说丰年,听取蛙声一片。　七八个星天外,两三点雨山前。旧时茅店社林边,路转溪桥忽见。

黄沙道就是黄沙岭上的道路,黄沙岭也在上饶,距带湖庄园不远,不仅风景优美,而且宜农宜居。闲居的辛弃疾也时常到处走走,仅描写黄沙岭一带风光的词,现存的就有五首,以这首《西江月》最有名。

六月的一天,辛弃疾骑马在原野上跑了一阵,感到有些疲乏,便牵着马慢慢往回走。

秋收图

路上遇到了一位姓吴的农家,几间低矮的茅屋,一圈篱笆围墙,只是院中的那株枇杷树果实累累,在阳光下闪着金色的光。冲着这金色的枇杷,辛弃疾不由自主地走了进去。

吴老汉认得辛弃疾,见他走进来,慌乱中有几分喜悦,便热情接待,让在院中编鸡笼的二儿子给辛老爷摘枇杷，并让老大、老三也来，来见过辛老爷。老二一边向枇杷树走去，一边说：“阿哥在溪东锄豆，阿弟在溪边剥莲蓬。”

“也罢，老伴，你去给辛老爷烫壶酒，再整几个下酒菜，辛老爷可是第一次到咱家啊。”

那个时候，老百姓很纯朴，对有地位的人很尊崇，尤其是对知识分子。辛弃疾既是知识分子，又是当过官的人，更何况还是吴东汉的东家（吴老汉是辛家的佃户，这一点辛弃疾可能不知道，但吴老汉非常清楚）。

果子也吃了，酒也喝了，怎么表示感谢呢？

“这样吧，我给你们唱一支曲子吧。”辛弃疾说。

“辛老爷，只怕老汉听不懂。”

“能，你听一听就知道了。”说罢，辛弃疾唱了起来。

清　平　乐　村居

茅檐低小，溪上青青草。醉里吴音相媚好，白发谁家翁媪。　大儿锄豆溪东，中儿正织鸡笼；最喜小儿亡无赖，溪头卧剥莲蓬。

鹅湖之会

陈亮，字同甫，学者称为龙川先生。为人才气超迈，议论纵横。自称能够“推倒一世之智勇，开拓万古之心胸”。积极主张抗战，因而不断遭受投降派的打击，他是辛弃疾志同道合的朋友。

公元1188年冬天，陈亮到上饶带湖庄园拜访辛弃疾，两人痛饮畅谈。谈起时局时，陈亮气愤异常，朝廷权贵只知歌舞升平，苟且偷安，中原沦陷已经六十余年，再不北伐讨虏，收复失地，中原百姓就难以见到复国的一天了。提起中原百姓，辛弃疾不禁想起了当年在山东的战斗生活，想起了豪爽的耿京。便取出宝剑，递与陈亮看，并给他讲述耿京的事情。陈亮不禁赞道：“想不到草莽之中竟有如此豪杰！”大有相见恨晚之感。酒至酣处，陈亮舞起宝剑，辛弃疾引吭高歌。

破　阵　子

为陈同甫赋壮词以寄

醉里挑灯看剑，梦回吹角连营。八百里分麾下炙，五十弦翻塞外声，沙场秋点兵。　马作的卢飞快，弓如霹雳弦惊。了却君王天下事，赢得生前身后名。可怜白发生。

陈亮在辛弃疾家中一住就是十天，两人泛舟鹅湖，登山远眺，并有诗词唱和。陈亮告别后第二天，辛弃疾觉得意犹未尽，又亲自追赶陈亮，想挽留他再多住几天。追到鹭鸶林，遇到一场大风雪，举步维艰，只得怅然而返。回来的路上投宿泉湖四望楼，夜闻笛声，凄凉之极，遂作《贺新郎》一首。

贺新郎

把酒长亭说。看渊明、风流酷似，卧龙诸葛。何处飞来林间鹊，蹙踏松枝微雪。要破帽多添华发。剩水残山无态度，被疏梅料理成风月。两三雁，也萧瑟。　佳人重约还轻别。怅清江、天寒不渡，水深冰合。路断车轮生四角，此地行人销骨。问谁使、君来愁绝？铸就而今相思错，料当初、费尽人间铁。长夜笛，莫吹裂。

陈亮似乎有第六感觉，五日后竟来信索要此词。得之，依韵和了一首《贺新郎》。

贺新郎　　陈亮

寄辛幼安，和见怀韵

老去凭谁说？看几番、神奇臭腐，夏裘冬葛！父老长安今余几？后死无仇可雪。犹未燥、当时生发！二十五弦多少恨，算世间、哪有平分月！胡妇弄，汉宫瑟。　树犹如此堪重别！只使君、从来与我，话头多合。行矣置之无足问，谁换妍皮痴骨？但莫使伯牙弦绝！九转丹砂牢拾取，管精金只是寻常铁。龙共虎，应声裂。

陈亮雪夜访辛弃疾，挑灯看剑，醉论时事，互相唱和，这便是文坛上传为千古佳话的“鹅湖之会”。

（朱熹等人在鹅湖讲学传道时，辛弃疾也时常参与。后来辛弃疾邀请大家再次相会，谈论国家大事，可朱熹等人因故未来，只有陈亮一人前来，便拐了个弯到带湖拜访辛弃疾。为与朱熹等人的传道讲学相区别，也有人将这次的辛、陈之会，称为第二次鹅湖之会。）

和气先倾倒

南宋人郑汝谐字舜举，号东谷居士，浙江青田人。宋孝宗淳熙十二年（1185年）时任信州知州。辛弃疾当时落职，正在上饶带湖闲居。郑汝谐也是一名坚决的主战派，而且学识渊博，颇有实际才能。

自从郑汝谐到上饶后，辛弃疾算是有了知己，有了可以谈天说地的对象。二人过从甚密，郑汝谐只要一有时间，便到辛弃疾的稼轩来，有时，也请辛弃疾到他那里去。二人一起饮酒畅谈，从宇宙谈到人生，谈到国家朝廷。有时开怀大笑，有时扼腕啮齿，慷慨激昂。一年后，郑汝谐在上饶城内的一座小山上盖了一座书斋，松竹掩映，鸟语花香，十分宜人。郑汝谐把书斋命名为"蔗庵"。书斋有一个小阁，命名为"卮言"。

书斋建成后，郑汝谐请辛弃疾来做客并参观书斋和书阁。辛弃疾里里外外看了一遍，很是赞赏。一看书阁匾额上的"卮言"二字，辛弃疾琢磨了一会儿，问道："郑大人的阁名很有意思，不知你起这个名字的寓意是什么？与我的想法是否相同？"

"我取这个名，是用《庄子·寓言》篇中'卮言日出，以和天倪'的意思，是说自己的学问浅薄，所论都是一些难登大雅之堂的浅薄之论，是自谦的意思。你是怎样认为的呢？"郑汝谐答完，又反问道。

辛弃疾听罢，深思了一下，说："我原来以为您是在讽刺一种人。你看酒卮这东西，酒满了就倾斜，空了就仰起来，随物而变。因此，卮言也可指那些顺风扯大旗，随声附和，毫无主见的人。而这种人社会上很多，也很得势。他们趋炎附势，溜须拍马，投机钻营，一副媚骨，根本不考虑国计民生，什么本事也没有却能得到很高的地位和荣誉，享受荣华富贵。"说到此处，辛弃疾有些激动。

千年调

蔗庵小阁名曰"卮言"，作此词以嘲之。

卮酒向人时，和气先倾倒。最要然然可可，万事称好。滑稽坐上，更对鸱夷笑。寒与热，总随人，甘国老。　少年使酒，出口人嫌拗。此个和合道理，近日方晓。学人言语，未会十分巧。看他们，得人怜，秦吉了。

词以卮这种酒器为对象，连续用“卮”、“滑稽”、“鸱夷”、“甘国老”这几种取悦于人、性情随和的物件来比喻那种随世俯仰、没有主见、苟容取和的人。

卮、滑稽、鸱夷都是酒器，甘国老是中草药，性平和，寒证热证均可用。秦吉了就是鹩哥，一种善学人话的鸟。

满眼风光北固楼

公元1204年，辛弃疾六十五岁，权臣韩侂胄任南宋王朝宰相，欲借抗金以巩固其权位，便起用辛弃疾，辛弃疾对韩的北伐积极响应，但反对韩的急躁冒进。韩侂胄知道辛弃疾的抗战决心和才干，但顾忌他倔强的性格，怕不好领导，就让他出任镇江知府，镇守镇江，作为他北伐的后援。

北固山位于镇江市区东北面的长江边，是一座高五十八米、长约二百米的小山。山岭逶迤突兀，远望如一条昂首翘尾的巨龙雄踞在长江之滨。北固山分前、中、后三峰，后峰为主峰，北临长江，三面悬崖，直插江中，形似半岛，峭壁如刀斧劈斫，地势险峻，景色壮美。

北固山虽不高大，但素以“天下第一江山”闻名于世。这里曾是三国时期孙权开创江东霸业的要塞，有许多名胜古迹，如甘露寺、祭江亭、刘备试剑石、太史慈墓等。欧阳修、苏轼、米芾、辛弃疾、陆游等都曾在此留下许多著名诗作。

位于主峰顶上的多景楼和祭江亭，可以说是北固山风景的最佳处。多景楼为一座二层的画梁飞檐小楼，楼名取自唐李德裕诗句“多景悬窗牖”，也曾被称作“北固楼”，为古代长江三大名楼之一，与黄鹤楼、岳阳楼齐名。米芾所书“天下江山第一楼”的匾额高悬于楼额。宋元以来，历代文人名士曾在此诗酒唱和。

北固楼东侧有一四角飞檐的亭子，叫“北固亭”，传说刘备的夫人孙尚香在听到刘备去世的消息后，在此遥祭后投江殉情，故后来又被称作“祭江亭”。

辛弃疾两首著名的北固亭怀古词，就是在此触景生情写下的。

永 遇 乐

京口北固亭怀古

千古江山，英雄无觅孙仲谋处。舞榭歌台，风流总被雨打风吹去。斜阳草树，寻常巷陌，人道寄奴曾住。想当年，金戈铁马，气吞万里如虎。　元嘉草草，封狼居胥，赢得仓皇北顾。四十三年，望中犹记，烽火扬州路。可堪回首，佛狸祠下，一片神鸦社鼓。凭谁问：廉颇老矣，尚能饭否?

南乡子

登京口北固亭有怀

何处望神州?满眼风光北固楼。千古兴亡多少事?悠悠,不尽长江滚滚流! 年少万兜鍪,坐断东南战未休。天下英雄谁敌手?曹刘。生子当如孙仲谋!

梦里笙歌

辛弃疾是英雄豪杰,有强烈的政治抱负和明确的追求目标,毕生都为之奋斗着。但我们也应该知道,他的一辈子并不全是在愁眉苦脸中长吁短叹,他的平常生活是丰富多彩的。辛弃疾也有风流倜傥的一面。

辛弃疾不仅有正妻,还有许多侍妾,比如田田、钱钱,不仅年轻漂亮、多才多艺,还知书达理,其地位有点像今天所谓的"小秘",既是红颜知己,又能替他处理日常事务。

辛弃疾五十三岁那年,要去江西赴任,本欲带钱钱同行,可钱钱因病不能同去,辛弃疾怀着深深的惜别之情,写了一首《临江仙》。

临江仙

一自酒情诗兴懒,舞裙歌扇阑珊。好天良夜月团团。杜陵真好事,留得一钱看。 岁晚人欺程不识,怎教阿堵留连。杨花榆荚雪漫天。从今花影下,只看绿苔圆。

词中"歌扇"与"夜月"皆圆形,状似铜钱。"杜陵"指杜甫,传说杜甫在甘肃秦州时,生活极其困苦,曾写过"囊空恐羞涩,留得一钱看"。"程不识"为西汉人,被当时人骂作"不值一钱"。"阿堵"是钱的代称,相传晋代人王衍(字夷甫)十分清高,平时总不说"钱"字,更鄙视别人开口闭口就是"钱"。有一天早晨,他妻子趁他熟睡未醒,把床的四周全用铜钱围裹起来。王衍醒来后,发现无法下床,便喊来侍女,呵斥道:"举却阿堵物。"意思是把这东西给我拿走。"阿堵"是晋代人的口语,意即"这"或"这个"。"榆荚"又称榆钱;"绿苔"也称绿钱。从表面上看,辛弃疾赠给钱钱的这首词很一般,可透过每一句中包含着的"钱"字,我们就不难看出,辛弃疾对钱钱是多么的留恋!眼前虽是“好天良夜月团团”,有情人却“劳燕分飞难相伴”。想到自己在江西,看见漫天似雪飞的杨花、榆钱和满地苔藓,该是多么的孤寂和伤感!

辛弃疾还有一个侍妾叫整整,笛子吹得特别好,关于她也有一个故事。

有一次辛弃疾的妻子病了,请了一位郎中到家里(带湖庄园)来看。老郎中五十多岁,最近死了老伴儿,还没有续娶,一个人生活,孤苦伶仃。老郎中仔细给辛弃疾的妻子号脉诊病,皱着眉头号了老半天也没有言语。辛弃疾有些着急,指着站在一旁服侍病人的整整说:“郎中,请你一定尽心尽力,如果在半月之内将病治好,使老妻身体康复,下官便以此人相赠。”郎中斜眼看了看整整,没有言语,皱着的眉头慢慢舒展开来,然后长长出了一口气,说老夫人的病虽然较重,但一定尽力,预计在十日之内便可使病人康复。

老郎中是真卖力气,仔细观察,加大药量,每天都号脉三次,极其殷勤。不到八天,老夫人的病竟完全好了。辛弃疾十分高兴,但不能有负前言,便让整整收拾好自己的衣物,并赠送一些钱,随那位老郎中去了。

整整这时不到四十岁,跟随辛弃疾已经很多年,擅长吹笛子,也能吹奏一些其他管乐,既是一名乐使,也是辛弃疾的侍妾。她对辛弃疾也有相当的感情,有些依依不舍。辛弃疾口占一首《好事近》,为她送行。

好 事 近

医者索酬劳,那得许多钱物?只有一个整整,也合盘盛得。下官
歌舞转凄惶,剩得几枝笛?觑着这般火色,告妈妈将息。

要说辛弃疾穷得无钱付医药费而送了整整,估计许多人不信。也许辛弃疾与那位郎中早就熟悉,借机成就一段姻缘,给整整安排好以后的出路,才是辛弃疾的本意。

据说,自北宋开国以来,漕运由二人共同掌管。到辛弃疾在江西、福建任职时,掌管漕运的两位大人叫吕正己和吕揩,吕揩家有许多歌妓,时常约吕正己去玩,往往通宵不归,这让吕正己的老婆不能忍受。一日,他们照例歌宴联欢,可吕正己家的河东狮子发怒了。这位女人也真是了得,不走大门,而是翻墙而入,见

面就破口大骂。吕摺的儿子气不过，就打碎了她的帽子。事情到了这一步，双方都不忍让，一直闹到了宫里。最后，双双被撤职。从此，两个吕家都落败了。

从此，漕运就由一人执掌。

吕正己有一个女儿，可能是家里落败的原因，后来做了辛弃疾的妾。这位吕氏很得辛弃疾的喜欢，可惜好景不长，吕氏不得不离开辛弃疾。我猜测，吕氏也是大家闺秀，娇生惯养，在辛家又有辛弃疾宠着，做事往往不合自己的身份，时间稍微一长，辛弃疾的夫人就受不了了。她极有可能是被辛夫人赶出去的。

分别时，辛弃疾作了一首词，抒发了自己的感受。

祝英台令 晚春

宝钗分，桃叶渡，烟柳暗南浦。怕上层楼，十日九风雨。断肠片片飞红，都无人管，更谁劝啼莺声住？　鬓边觑。试把花卜心期，才簪又重数。罗帐灯昏，哽咽梦中语：是他春带愁来，春归何处？却不解带将愁去。

辛弃疾不光家里红旗不倒、妻妾成群，在外更是彩旗飘飘、艳遇不断，试看下面的词。

南乡子 舟中记梦

欹枕舻声边，贪听咿哑聒醉眠。变作笙歌花底去，依然，翠袖盈盈在眼前。　别后两眉尖，欲说还休梦已阑。只记埋冤前夜月，相看，不管人愁独自圆。

一个月圆之夜，两人在一艘船上相会，有缠绵的欢娱，更有离别的忧伤。

霜晓角 旅兴

吴头楚尾，一棹人千里。休说旧愁新恨。长亭树，今如此。　宦游吾倦矣，玉人留我醉。明日万花寒食。得且住，为佳耳。

我们讲辛弃疾的风流韵事，既不是给尊敬的人物抹黑，更不是为了吸引眼球。主要的想法有两点，一是还历史人物一个真实的面貌，二是为了有利于理解他的作品和艺术。历史人物常常遭受太多的改造，被歪曲、被拔高，使原本血肉丰满、谈笑风生的人,成为愁眉苦脸、枯燥乏味的一尊塑像。辛弃疾的词集中,不全是豪气干云、横绝六合的作品,他也有低回婉约、一唱三叹的篇章。熟悉他的英雄事迹,固然有助于理解他的前一类作品及其艺术;知道他的风流韵事,也有助于理解他的后一类篇章及其艺术。

富贵是危机

下面我们再来看几个辛弃疾日常生活的片断。

辛弃疾时常借酒浇愁,但举杯消愁愁更愁,靠酒精麻醉自己也不是上策,相反对身体有很大的伤害,到后来,每醉一次,都需要一两天才能恢复。辛弃疾打算戒酒,还搞了一个算是隆重的仪式——专门写了一首词。喝酒的人都知道,戒酒是非常难的。尤其像辛弃疾那种性格的人,更难。从此以后,辛弃疾也许喝得少了,但并没有完全戒掉。我们先来看看这首词。

沁　园　春

将止酒,戒酒杯使勿近。

杯汝来前!老子今朝,点检形骸。甚长年抱渴,咽如焦釜;于今喜睡,气似奔雷。汝说刘伶,古今达者,醉后何妨死便埋。浑如此,叹汝于知己,真少恩哉!　更凭歌舞为媒,算合作人间鸩毒猜。况怨无大小,生于所爱;物无美恶,过则为灾。与汝成言,勿留亟退,吾力犹能肆汝杯。杯再拜,道麾之即去,招则须来。

这首词很有特色,全词设为主人与杯的对话。通过拟人化的手法,成功地塑造了“杯”这个喜剧形象。它善于揣摩主人的心思,能应对,知进退。在主人盛怒的情况下,它能通过辞令,化严重为轻松。当被斥退时,还说“麾之即去,招则须来”,等于说主人还是离不开自己,自己准备随时听候召唤。这种生动活泼的方式,风趣地表现出自己戒酒的不得已和态度上的犹豫,反映了作者政治失意的苦闷。

辛弃疾对词的技巧掌握得很熟练,对生活感受和人生体悟也很深刻。无论什么材料,到他手里都能创作出上好的词,这就是大家的化腐朽为神奇。掉个牙,非常平常的事,到辛弃疾这里,也能感悟到人生,还能写出词来。

卜 算 子 齿落

刚者不坚牢，柔底难摧挫。不信张开口角看，牙在舌先堕。　已阙两边厢，又豁中间个。说与儿曹莫笑翁，狗窦从君过。

词之初起，本是纯粹的歌词，后来成了文学的一种，在其发展过程中，实用功能不断扩大，许多作品兼备了应用文的功能。特别是南宋，渗透到了人们社会交往的各个场合，可以用来谈恋爱，可以用来交朋友，可以用来孝顺父母，可以用来联络亲戚，甚至替人做寿，给人送终，祝人新婚，贺人生子，打阔佬的秋风，拍上司的马屁……真是五花八门。然而，写词来骂儿子，辛弃疾是头一个。

宋光宗绍熙五年（1194 年），辛弃疾五十五岁，任福州知州兼福建安抚使。由于官场失意，不能实现自己的理想抱负，辛弃疾打算申请退休，但遭到了儿子的反对。反对的理由是，田地、房产还没有购置齐全。他们的担心是，如果辛弃疾就此退休，难免会坐吃山空，他老人家百年之后，子孙们恐怕就得喝西北风了。

对这样既无大志、也无作为的犬子，辛弃疾很生气，于是作了这首词，数落他们。

最 高 楼

吾拟乞归，犬子以田产未置止我，赋此骂之。

吾衰矣，须富贵何时？富贵是危机。暂忘设醴抽身去，未曾得米弃官归。穆先生，陶县令，是吾师。　待葺个园儿名“佚老”，更作个亭儿名“亦好”，闲饮酒，醉吟诗。千年田换八百主，一人口插几张匙？便休休，更说甚，是和非！

江西上饶南部的铅山，风光秀丽，景色宜人。辛弃疾非常喜欢铅山，他曾遍游山野，偶然发现了一眼泉水，因泉形似瓢，便取名为“瓢泉”。发现瓢泉之后，辛弃疾“便此地，结吾庐，待学渊明，更手种，门前五柳”。后来，带湖庄园失火，辛弃疾一家便移居铅山的瓢泉新居。在辛弃疾传世的六百多首词中，有三分之一是在瓢泉新居写下的。

公元 1207 年秋，六十八岁的辛弃疾，身染重病，朝廷再次起用他，但身体不行了，只得上奏请辞。这年农历九月初十，民族英雄、爱国词人辛弃疾带着忧愤的心情和没有实现的遗愿离开了人世。

写到这里，我的心里有些酸，虽意犹未尽，却难有只言片语。无可奈何之余，就将我最喜欢的辛弃疾的那首名词抄一遍，算是自我安慰。

青　玉　案　元夕

东风夜放花千树。更吹落，星如雨。宝马雕车香满路。凤箫声动，玉壶光转，一夜鱼龙舞。　蛾儿雪柳黄金缕，笑语盈盈暗香去。众里寻他千百度，蓦然回首，那人却在，灯火阑珊处。

问世间情为何物——宋词中的风花雪月

不是爱风尘，似被前缘误

浙江台州天台县，有座军营，营中有一营妓叫严蕊，字幼芳。她姿色超群，技艺不凡，是一位超级明星，是营中的头牌。

严蕊自小擅长弹琴下棋，能歌善舞，不仅会演奏各种乐器，而且字写得不错，更重要的是，她的容貌非常出众，如此条件，不成为明星，才是不正常的。现今的演艺界，有如此条件的，也没有几个。令今天的明星晕菜的是，严蕊还能写诗填词。

严蕊善于交际，服务态度又好，有不少人竟不远千里登门拜访。当然，得要大把的银子。

唐与正，当时台州的知府，很会享乐的一个官员，他的宴会，几乎每次都有严蕊的身影。曾经有一次，唐与正以"红白桃花"为题，让严蕊现场作词，严蕊稍加思索，即成《如梦令》一首。

如　梦　令　　严蕊

道是梨花不是。道是杏花不是。白白与红红，别是东风情味。曾记。曾记。人在武陵微醉。

唐与正听后十分高兴，也很赞赏严蕊的才华，就赏了她两匹细绢。

又有一次，是七月七日，一个叫谢元卿的读书人，豪爽大方，是唐与正的座上宾。他早就听说过严蕊的大名，有意试探严蕊的才气，就让严蕊以"谢"为韵填一首词。就在大家举杯畅饮之际，一首《醉鹊桥》完成了。

醉　鹊　桥　　严蕊

碧梧初出，桂花才吐，池上水花微谢。穿针人在合欢楼，正月露、玉盘高泻。　蛛忙鹊懒，耕慵织倦，空做古今佳话。人间刚道隔年期，指天上、方才隔夜。

不知是因为人美，还是因为歌美、舞美，抑或是才华过人，谢元卿陶醉了，彻底被严蕊征服了，于是在严蕊的住处待了半年多，一直到花光身上所有的钱。谢元卿本是带着巨款旅游的，如今囊中羞涩，只好悄悄回家了。

后来，朱熹以浙东提举的身份巡察台州。人还没有到台州，投诉唐与正腐败的人就络绎不绝，朱老夫子认定唐与正不是个好官（其实南宋清官不多，唐与正和大多数官僚一样，并不是很过分的），便下定决心要收拾唐与正，一连向朝廷上了六七份奏折，可都石沉大海（唐与正朝里有人）。这让朱老夫子很不爽，他是高举道德大旗的圣人，他的哲学是“存天理，灭人欲”，如此道德败坏的人还是一州之长，天理何在？

既然在朝廷扳不倒你，我只有另辟蹊径了。听说你与严蕊关系暧昧，那就从她那儿开刀吧。根据大宋的律法，官员如果与官妓（或营妓）有性交往，是要受处分的。如果坐实，不经朝廷，我朱熹就可以惩治唐与正（当然得向朝廷备案）。

严蕊被投入大牢，尽管严刑拷打，可她没有说一句唐与正的坏话。

朱熹有些郁闷，但开弓没有回头箭。为了尽快拿到证据，朱熹决定异地审查，将严蕊移交绍兴府审（据说绍兴知府是朱熹的学生）。再次严刑拷打，一样毫无结果，便派狱吏诱供，说：“你的罪行并不严重，即使认了，也不过是打一顿板子而已，如今屡受皮肉之苦，这是何苦呢。”严蕊回答说：“我是个低贱的人，但做人要有底线，说话要讲良心，怎么能胡说八道，平白败坏太守清白的名声呢！”

狱吏无话可说，但狱吏有上峰的命令，也有使不完的力气，严蕊再次被狠狠打了一顿。

案件毫无进展，朱熹很纠结。迟迟拿不到证据，让各种传言快速扩散，以至传到了皇帝的耳中。不像话，太不像话了，你们不要官面，我朝廷还要颜面。一道圣旨，调走了朱熹，调来了岳霖——岳飞的三儿子。

岳霖不像朱熹那样在意“道德文章”，他只是觉得严蕊可怜。岳霖让她写一首词，陈述自己的冤情，严蕊不假思索，当即吟了一首《卜算子》。

卜　算　子　　严蕊

不是爱风尘，似被前缘误。花落花开自有时，总赖东君主。　去也终须去,住也如何住!若得山花插满头,莫问奴归处。

岳霖不仅判严蕊无罪,还撤销了她营妓的身份,允许她嫁人。据说,严蕊嫁给了一位和皇室有关系的人,但不是妻而是妾,此后就没有消息了。

自古红颜薄命,才女命薄,红颜加才女的严蕊,能有如此结局,在封建的旧社会,不能不说是一个奇迹。

怎奈凡心转盛

这个故事要从张孝祥讲起。

张孝祥是南宋著名的爱国词人,是少年英才,他的同学(同年参加进士考试的人)有陆游、杨万里、范成大等。由于秦桧等人捣鬼,陆游被取消了资格,将秦桧的孙子秦埙列为第一。可殿试时,宋高宗赵构将状元给了张孝祥。

我不知道赵构这么做的原因,但我知道赵构比秦埙有才。屈了陆游,成就了张孝祥,这是秦桧不愿看到的,但却是他必须面对的。

张孝祥是唐代著名诗人张籍的后代,据考证是第七代传人。

绍兴三十一年(1161 年),金兵在完颜亮的带领下,一路南下,攻城略地,直到了长江边上才遭到虞允文所率水师的痛击。接着因内讧,完颜亮被部下所杀,金兵退回到淮河一线,双方暂时息战。淮河一线作为宋金的边境,在相当一段时间内还是比较稳定的。

主和的人希望偏安一隅,哪怕是送钱送东西,赔情又道歉,只要金兵不再进一步南下,就阿弥陀佛了。主战派根本就不承认这个边境线,时常想的是直捣黄龙,恢复中原。比如张孝祥,1162 年做客于主战的张浚将军府上,在一次宴席上,写了一首令人荡气回肠的词。

六州歌头　　张孝祥

长淮望断,关塞莽然平。征尘暗,霜风劲,悄边声。黯销凝。追想当年事,殆天数,非人力;洙泗上,弦歌地,亦膻腥。隔水毡乡,落日牛羊下,区脱纵横。看名王宵猎,骑火一川明,笳鼓悲鸣,遣人惊。　念腰间箭,匣中剑,空埃蠹,竟何成!时易失,心徒壮,岁将零。渺神京。干羽方怀远,静烽燧,且休兵。冠盖使,纷驰骛,若为情!闻道中原遗老,常南望、翠葆霓旌。使行人到此,忠愤气填膺,有泪如倾。

这首词慷慨悲愤。国势危如累卵，却恢复无期、报国无门，只能忍辱求和，难怪张浚将军听了这首词后竟离席而入内室。

当初张孝祥高中状元，被任命为临江县令。状元一般都留在朝廷，在皇帝身边工作，张孝祥到临江当县令，大概是秦桧的功劳，他夺了人家孙子的状元，人家就能让他离开京城，人家毕竟是宰相嘛！

一路风尘仆仆，张孝祥主仆来到了一座寺观——女贞观，这里已是临江地界，只因天气不早了，便决定在观里住上一宿，来日再悠闲赴任。

这女贞观中，有一个叫陈妙常的女道士，才二十岁，不仅人长得漂亮，能歌善舞，还能吟诗填词。如此一位佳人，怎么就遁入空门了呢？没有人知道。

有人试图解开这个谜团，便问陈妙常："人们都说，不经大难，不入空门，像姑娘这样年轻美丽、才貌双全的人，是怎么看破红尘的呢？"陈妙常的回答很高明，所讲的道理是对的，但对所问的事却似答非答。她说："人生病时，凡心就会减少；人想死的时候，'道'就会自己产生。皈依佛门，就是获得了永生，为什么一定要经过大难呢。"

借宿于女贞观的张孝祥，邂逅了陈妙常，为陈妙常的才情和气质打动，产生了爱慕之心，想纳为妾，便写了一首词连同自己的名片一起送给了陈妙常。

陈妙常虽然很佩服张孝祥的才学，但不是她的意中人。她并不想长守空门，与青灯为伴，只是还未找到合适的人。

她追求的是真正的爱情，奢望的是平起平坐的夫妻生活，而不是寄人篱下的附庸。于是，她给张孝祥回了一首词。

杨　柳　枝　　陈妙常

清净堂前不卷帘，景幽然。湖花野草漫连天，莫胡言。　独坐黄昏谁是伴，一炉烟。闲来月下理琴弦，小神仙。

故事似乎已经告一段落，但的确没有完。

有个叫潘必正的人，也是个读书人，只是没有文凭，还是老百姓一个。极有可能是慕陈妙常之名，专程来到了女贞观，一连住了好多天。

潘必正与陈妙常是一见钟情，几次接触，几个回合的诗词来往，就打成一片，几乎每晚都幽会，很快就到了谈婚论嫁的程度，可女贞观的住持不同意陈妙常还俗。

生米已煮成了熟饭。

两位新人，一对鸳鸯，陷入了一场危机。

在一次闲谈中，陈妙常提到了张孝祥——如今的父母官，这令潘必正大喜过望，因为他们是老朋友。在张孝祥的斡旋下，陈妙常顺利还俗，二人如愿以偿，结为夫妻。

风冷月华清

姜夔虽然才华绝代，但他的人生道路非常坎坷。虽是读书人，却终生为布衣，没有吃过官饭，一生行走于江湖。有时，为了生活，不得不在豪门做清客。在更多的时候，是与志同道合的人吟唱酬和，在他们的帮助下，继续在江湖上行走。

有一个福建籍的老诗人叫萧德藻，客居在湖南，在姜夔流浪江湖时，通过谈诗填词，一老一少竟结成了忘年交。萧德藻是一位老诗人，因为赞赏姜夔的诗，便把侄女嫁给了他，使四处飘荡的姜夔也有了一个家，一个受伤后可以休养的地方。

宋孝宗淳熙三年（1176年）冬至，姜夔路过扬州，目睹了战争洗劫后扬州的萧条景象，悲叹今日的荒凉，追忆昔日的繁华，写下了著名的《扬州慢》。

扬州慢　　姜夔

淳熙丙申至日，予过维扬，夜雪初霁，荠麦弥望。入其城，则四顾萧条，寒水自碧。暮色渐起，戍角悲吟。予怀怆然，感慨今昔，因自度此曲，千岩老人以为有黍离之悲也。

淮左名都，竹西佳处，解鞍少驻初程。过春风十里，尽荠麦青青。自胡马窥江去后；废池乔木，犹厌言兵。渐黄昏，清角吹寒，都在空城。　　杜郎俊赏，算而今、重到须惊。纵豆蔻词工，青楼梦好，难赋深情。二十四桥仍在，波心荡、冷月无声。念桥边红药，年年知为谁生！

这首词色调清冷，偌大的扬州城似乎是一座空城。白天的扬州伴着凄凉的号角，夜晚的扬州伴着无声的冷月，卷起珠帘的十里扬州，如潮般观花的扬州市民，已经变得很遥远。

这一切都是金人所赐，这一切都是秦桧之流的杰作，这一切都是赵家的天下。

通过萧德藻，姜夔认识了杨万里，通过杨万里，姜夔认识了范成大。虽然都是诗人，他们的差别很大，简直就是天上地下。姜夔是老百姓，吃饭也得靠别人帮助；杨万里是个小官员，吃饭无忧，但财和势就谈不上了；范成大，高官厚禄，虽说现已退休，仍是财大气粗，高门大院。

宋光宗绍熙二年(1191年)，姜夔去拜访范成大。

这是一个冬天，正下着大雪，他们把酒对饮，纵论诗词，谈得十分投机。酒后，范成大陪姜夔在后花园观雪赏梅。他们信步而行，姜夔不禁想起了林和靖的《山园小梅》一诗，因受“疏影横斜水清浅，暗香浮动月黄昏”二句的影响，便自制《暗香》、《疏影》两首自度曲。

暗香·疏影　　姜夔

辛亥之冬，予载雪诣石湖。止既月，授简索句，且征新声，作此两曲。石湖把玩不已，使工伎肄习之，音节谐婉，乃名之曰《暗香》、《疏影》。

旧时月色，算几番照我，梅边吹笛？唤起玉人，不管清寒与攀摘。何逊而今渐老，都忘却、春风词笔。但怪得、竹外疏花，香冷入瑶席。

江国，正寂寂。叹寄与路遥，夜雪初积。翠尊易泣，红萼无言耿相忆。长记曾携手处，千树压、西湖寒碧。又片片吹尽也，几时见得？

——暗香

苔枝缀玉，有翠禽小小，枝上同宿。客里相逢，篱角黄昏，无言自倚修竹。昭君不惯胡沙远，但暗忆、江南江北；想佩环、月夜归来，化作此花幽独。　犹记深宫旧事，那人正睡里，飞近蛾绿。莫似春风，不管盈盈，早与安排金屋。还教一片随波去，又却怨、玉龙哀曲。等恁时、重觅幽香，已入小窗横幅。

——疏影

梅花资质幽雅，清香可人，不畏残冬的风雪，俏然一枝，把春色带给人间。在我们传统的审美意识中，梅花之美，不仅在于它的形貌，更在于它的精神，它一直被看作高洁人品的象征。姜夔笔下的梅花，是梅花，更是范成大的品格气节。

以梅花比喻范成大，令功成名就的范成大很舒服。好吃好喝，待若上宾。姜夔在范成大家整整住了一个月。

是到告别的时候了。

又是宴会，不仅送旅费，还送人——一个范成大的歌妓，一个月来为他们演唱《暗香》、《疏影》的那位绝代佳人。

她的名字叫小红。

虽然刮着风，虽然下着雪，怀拥小红的姜夔觉得生活很美好，有诗为证。

过垂虹　　姜夔

自作新词韵最娇，小红低唱我吹箫。

曲终过尽松陵路，回首烟波十四桥。

赤栏桥是合肥城南的一座桥，这里曾经柳荫密布、鲜花盛开、人来客往，是一个繁华的街市。姜夔年轻的时候就曾经住在这里，并在这里留下了他难忘的恋情。然而，到处漂泊的姜夔，虽然对赤栏桥的姑娘一生钟爱，可是他一生再来赤栏桥的机会却是屈指可数，更多的时候，则是把满腔的相思写进他的词曲。

踏莎行　　姜夔

自沔东来，丁未元日至金陵，江上感梦而作。

燕燕轻盈，莺莺娇软。分明又向华胥见。夜长争得薄情知？春初早被相思染。　别后书辞，别时针线。离魂暗逐郎行远。淮南皓月冷千山，冥冥归去无人管。

姜夔浪迹江湖、行踪不定，相思和牵挂总是和他如影随形。淳熙十四年的正月初一，在漂泊旅途中他做了一个梦，梦见了这个女子前来与他相会，她娇嗔满面，细诉离情，而词人自己又何尝一日不念想呢？一个是情怀悠悠，春初早染相思；一个是重展昔日书信，摩挲旧时针钱。真的是“一种相思，两处闲愁”。

这年冬天。姜夔往返于湖州、苏州之间，经过吴淞时，因为睹景思人，便以合肥女郎的口吻，询问何时才能够再次相会。而姜夔自己心中茫然，无法给情人一个准确的答复，但为给情人一线希望，只是说：来年陌上草青的时候吧。这个心口不一的回答，难以掩饰词人凄惶的神情，也映照出江湖流落的无奈。

点绛唇　　姜夔

金谷人归，绿杨低扫吹笙道。数声啼鸟，也学相思调。　月落潮生，掇送刘郎老。淮南好，甚时重到？陌上生春草。

光宗绍熙二年（1191年）春天，姜夔多年之后重游合肥，寻找自己梦中的情人，可令他伤感的是早已不知人面何处。是战争让她们逃离，还是已经“绿叶成阴”？这让乘兴而来的姜夔惆怅莫名。他黯然沮丧，在旧时居处的西窗下伫立良久，看着那青青的杨柳依旧飞舞，而昔日的楼台已经高锁，他万千思绪凝于笔端，写下了《淡黄柳》。

淡黄柳　　姜夔

客居合肥南城赤栏桥之西，巷陌凄凉，与江左异，惟柳色夹道，依依可怜。因度此阕，以纾客怀。

空城晓角，吹入垂杨陌。马上单衣寒恻恻。看尽鹅黄嫩绿，都是江南旧相识。　正岑寂。明朝又寒食。强携酒，小桥宅。怕梨花落尽成秋色。燕燕飞来，问春何在，唯有池塘自碧。

四年之后的一个冬天，姜夔寄居在张鉴的庄园里，看到梅花绽放，心有所思，他想起了合肥赤栏桥畔的情人，于是作了一首《江梅引》，尽管他不知道她的去向，不知道她的生死。

江梅引　　姜夔

人间离别易多时。见梅枝，忽相思。几度小窗幽梦手同携。今夜梦中无觅处，漫徘徊，寒侵被，尚未知。　湿红恨墨浅封题。宝筝空，无雁飞。俊游巷陌，算空有、古木斜晖。旧约扁舟，心事已成非。歌罢淮南春草赋，又萋萋。漂零客，泪满衣。

姜夔几十年的漂泊，有近二十年把他的梦拴在赤栏桥畔，几乎一生都牵挂他在合肥的情人，相关的词有近二十首。这说明，尽管他一生奔波，飘零无所，但他须臾没有把心中的那份爱停下来，更无从抛弃。他的爱浪漫而又炽热，他的情坚韧而又绵长。

隔个窗儿滴到明

李之问，一个非常普通的基层干部，长安做官任满，回到京城开封述职，之后便是等待重新安排工作。

李之问这次等的时间有点长，为了打发时光，便去一处叫莲花楼的娱乐中心去玩，这一去便结识了聂胜琼。聂胜琼是风尘女子，不仅色艺双绝，而且会吟诗填词。聂胜琼比别的妓女不仅仅多了几分才气，更重要的是多了几个心眼。对一般寻欢作乐的男子，她便逢场作戏，对一些重义轻财的文学之士，她是真心相待，希望有一天能脱离苦海。

比如这位李之问先生，聂胜琼就投入了真感情。仅仅一两个月，二人就到了热恋的程度。

新工作没有任何消息，李之问便打算回一趟老家。聂胜琼以情人的身份为李之问送行，与众不同的是，她不像别人那样只是反复吟唱阳关，而是反复唱自己的作品，“无计留君住，奈何无计随君去”，竟让李之问泪流满面，难以成行。

又是一个多月，二人的感情迅速升温，俨然是一对小夫妻。李之问的老家来信，说家里有要事，李之问不得不离开京城，独自踏上返乡的路程。

没了李之问的聂胜琼，六神无主，度日如年，夜不能寐，将所有的思念注于笔端，写了一首《鹧鸪天》。

鹧 鸪 天 聂胜琼

玉惨花愁出凤城。莲花楼下柳青青。樽前一唱《阳关》后，别个人人第五程。 寻好梦，梦难成。况谁知我此时情。枕前泪共芭蕉雨，隔个窗儿滴到明。

聂胜琼将词抄写整齐，以加急快件的方式，寄给了李之问。李之问快到家的时候收到聂胜琼的情词，反复看了很多遍，心里很不是滋味。

看着心事重重的李之问，妻子有些诧异。在整理行李时，她发现了那首词。

李妻知书达理，也能识文断字，个中缘由已猜了个八九不离十，她为二人的真情感动，更为聂胜琼的才情所打动。丈夫常年在外做官，孤身一人，的确难为了他。古人尚且有“我见犹怜”的典故，我怎么能独专男人的感情呢？再说，感情是强迫不来的，不如玉成好事，还能成就一则佳话。

李妻没有与李之问闹，而是晓之以理，动之以情，让李之问为聂胜琼赎身，纳为侍妾。从此，妻妾二人和睦相处，从此，李之问生活在了幸福之中。

李之问，一个非常普通的基层干部，因为与聂胜琼的邂逅，因为聂胜琼的词，更因为妻子的开明，留下了一段佳话，也算是野史有名。

无计可留汝

江西西北武宁市，水多桥多，有江南水乡的韵味。在众多的小桥中，有一座汉白玉栏杆的大理石石桥，像一位美丽的女子，婀娜伫立。

这就是碎花桥。

戴复古，陆游的学生，浙江台州天台人，据说是天台历史上最有名的文学家。戴复古是个怪人，有很好的学问，却不参加进士考试。在宋代，终其一生考不中的人不在少数，但压根儿不考而又有真学实才的人，的确不多。像柳永那么另类的人，花二十年功夫，也要弄到那张文凭。

戴复古一生游走江湖，纵情山水，吟诗作词，心目中永远只有一个自己。

这一年，戴复古到了江西武宁。风流豪爽、颇有文才的他，自然是美女眼中的帅哥。武宁有一大户人家，大富翁看中了戴复古的才，整天在一起吟诗论词；美女看中了戴复古的人，一见钟情，便忠贞不贰。戴复古便成了这家的乘龙快婿。

一晃三年过去了。有一天，戴复古突然提出要回家，小妻子很高兴，便收拾东西准备和他一起走。可戴复古的一句话，石破天惊，使大富翁一家都歇菜了。

"你不能和我一起去，只能我一个人去，因为我有老婆和孩子。"

尽管戴复古说得很平常，语调很平和，所有的人还是被震晕了，不知如何是好。

无语，沉静，死一般的静，静得瘆人。

猛然间，她一声痛哭，接着是伤心的抽泣。这一哭惊醒了大富翁，只见他头上暴着青筋，口中喘着粗气，大步流星，去找戴复古。

戴复古似乎早有预感，此时已是溜之大吉。

痛定思痛，痛何如哉？真正的当事人，富翁家的美女，出奇的平静，费了好大的劲劝住了家人，将自己的全部妆奁（价值上千两银子）作为礼品，送给了戴复古。

临别的那一天，美女盛装打扮，亲自将戴复古送到了村外。

三天之后，美女投江自尽。她连名字都没留下，后人们称她为戴复古妻。她留下了一首词，一首在宋代都能算上名篇的词。

祝英台近 戴复古妻

惜多才，怜薄命，无计可留汝。揉碎花笺，忍写断肠句。道旁杨柳依依，千丝万缕，抵不住、一分愁绪。　如何诉。便教缘尽今生，此身已轻许。捉月盟言，不是梦中语。后回君若重来，不相忘处，把杯酒、浇奴坟土。

戴复古，我不知道该怎么评价他。

当时有人说，孙飞虎好色，柳盗跖贪财，而这贼牛却两样都要。

十年之后，戴复古再次来到武宁，旧地重游，不能不想起往事，于是写了一首《木兰花慢》。

木兰花慢 戴复古

莺啼啼不尽，任燕语、语难通。这一点闲愁，十年不断，恼乱春风。重来故人不见，但依然、杨柳小楼东。记得同题粉壁，而今壁破无踪。

兰皋新涨绿溶溶。流恨落花红。念着破春衫，当时送别，灯下裁缝。相思谩然自苦，算云烟、过眼总成空。落日楚天无际，凭栏目送飞鸿。

无论古今，重婚之事，即使个中确有隐情，也为世人不齿。

就这首词而言，用绵丽之笔，写哀婉之思，实为佳作。

不是诚斋无月

好　事　近 杨万里

月未到诚斋，先到万花川谷。不是诚斋无月，隔一庭修竹。　如今才是十三夜，月色已如玉。未是秋光奇艳，看十五十六。

杨万里，诗写得非常好，是南宋四大家之一，为人诙谐滑稽，幽默风趣。有一次，杨万里到某地出差，当地官员为他接风洗尘。席上有位歌妓唱了一首词，当唱到“万里云帆何时到”时，杨万里脱口回答说：“万里昨日到！”杨万里本想开个玩笑，没想到却将主人吓了一跳。在当时，直呼人的姓名是非常不礼貌的，更何况杨万里还是今天的主宾。主人自觉失礼，便将气撒到了歌女的身上，吩咐立即将其拘押，等候处分。

杨万里一看事情闹大了，便亲自为歌女求情，好说歹说，一场风波总算过去了。

贺新郎　　叶梦得

睡起流莺语。掩苍苔、房栊向晚，乱红无数。吹尽残花无人见，惟有垂杨自舞。渐暖霭，初回轻暑。宝扇重寻明月影，暗尘侵、上有乘鸾女。惊旧恨，遽如许。　江南梦断横江渚。浪黏天、葡萄涨绿，半空烟雨。无限楼前沧波意，谁采苹花寄与。但怅望、兰舟容与。万里云帆何时到，送孤鸿、目断千山阻。谁为我，唱《金缕》。

杨万里外表滑稽，内心却刚正不阿，肩上同样扛着“道德文章”的大旗。

宋孝宗淳熙十七年（1190年），杨万里任江东转运副使，总领淮西江东一带的兵马粮钱，相当于大军区的后勤部副部长。

有一次，他手下一位没有编制的幕僚，竟然带着一名官妓上班，正好被杨万里发现，于是按律法，给歌女脸上刺了字，准备发配到边地去服苦役。

在封建社会，等级制度非常严格，没有官阶、没有功名，不能狎官妓，更何况是在上班时间。幕僚是私人顾问，没有官阶。如果有学位证书（考中举人、进士等），就算有功名，可享受一定的政治待遇。

其实，这位幕僚与官妓倒是两情相悦，并非一般的逢场作戏。官妓被关押之后，幕僚时常去看她，并发誓要将她救出来。官妓却说：“男子汉大丈夫，理应杀敌报国，博取功名，不应该沉湎酒色。我这一去关山万里，并没有什么，只愿你以此为戒，好自为之。”

幕僚被官妓的话感动，写了一首《眼儿媚》相赠，以表自己的心意。

眼儿媚　　无名氏

鬓边一点似飞鸦。莫把翠钿遮。三年两载，千折百就，今日天涯。　杨花又逐东风去，随分落谁家？若还忘得，除非睡起，不照菱花。

这首词传到了杨万里手上,为幕僚的才情所打动,找来详谈之后,才知道,他之所以消沉,是因不满奸臣当道而消极抵抗。

杨万里大受感动,为官妓脱籍之后,送给了他——那位幕僚。

云锁朱楼

朱淑真是官宦人家的千金小姐,在一个非常好的家庭环境中长大。她多才多艺,能写诗,会作词,精晓音律,能文善画。她读过很多的书,生性多愁善感,时时生闲愁,愁花愁草,愁东愁西,是那种掉两片树叶都要大哭一场的人。

朱淑真是个非常浪漫的人,尤其对爱情,是一个爱情至上的人,而且特别喜欢情调,是个典型的“小资”。然而,命运捉弄人,她的爱情非常失败。父母给她选的是一个十足的俗人,或许是一个商人,或许是一个小官吏,他只知道养家糊口,根本不懂得风花雪月。

爱情的悲哀是共卧一床,身体相融,却精神离散。“同床异梦”,多么撕裂人心的痛!朱淑真就是这样,其郁闷孤寂的心情,在她的词中表现得淋漓尽致。

减字木兰花　春怨　　朱淑真

独行独坐,独倡独酬还独卧。伫立伤神,无奈轻寒著摸人。　此情
谁见,泪洗残妆无一半。愁病相仍,剔尽寒灯梦不成。

朱淑真,一个弱女子,所面对的不仅仅是一个丈夫,而是数千年的封建礼教。她改变不了丈夫,也没有资格离婚,只能用幻想来慰藉自己,麻木自己,那依依惜别的身影,款款泪落的深情,那体贴可人,能一起踏雪寻诗的白马王子,只能在梦中寻找。

相思无奈,锦心无寄,寂寞环绕在指尖。回头转身,一片苍凉;低眉俯首,孤影自怜,自是人生长恨水长东。

朱淑真终于有了婚外情,缘于一次邂逅的婚外情。也许是压抑得太久了,此情一发而不可收。不断地约会,不断地回味,还把它写成了词。

清　平　乐　　朱淑真

恼烟撩露,留我须臾住。携手藕花湖上路,一霎黄梅细雨。　娇痴
不怕人猜,和衣睡倒人怀。最是分携时候,归来懒傍妆台。

然而好景不长，向往的痴情，站在了道德的对立面，生活就显得很残酷。断是必须的，能留住的只有记忆。

丝丝柳条，拴不住一份愁绪。无限美好的风景，没有可心人儿在身边，风景就只能是有风的景。满院的落花，令人肝肠寸断。

回忆越美，内心越是痛苦，越是无助。

眼 儿 媚 朱淑真

迟迟春日弄轻柔，花径暗香流。清明过了，不堪回首，云锁朱楼。

午窗睡起莺声巧，何处唤春愁？绿杨影里，海棠亭畔，红杏梢头。

一个有夫之妇，红杏出墙，已是大逆不道。还要时时地想，还要把它写成词，这令她的丈夫无地自容，除了进一步对她施行冷暴力外，还隔三差五地到她娘家闹，闹得满城风雨，闹得她的父母颜面扫地。

各种风言风语，冷嘲热讽，犹如一张无形的网，把朱淑真裹了个严严实实；犹如一把把匕首，投向了朱淑真的胸膛。

朱淑真顶不住了，过早地结束了自己的一生。

朱淑真的父母认为，悲剧的根源是朱淑真会写词，如山的铁证也是她写的那些词。因此，一把火烧了朱淑真的所有作品，一了百了。

（现在传下来的朱淑真的词是别人辑录的，叫《断肠集》。）

她，寻寻觅觅，用一生的时间来追求爱情，却没有得一分的爱。那一段电石火花般的婚外情，短暂得只是一瞬，却将她送上不归路。

梅子黄时雨

贺铸，人高马大，肤色青铁，长相惊世骇俗。因此，贺铸不像别的文人，没有多少艳遇，为数不多的那一次，只是一个来去匆匆的美女背影。

贺铸退休以后，闲居在苏州。苏州城盘门外十余里，有一个僻静的地方，叫横塘，环境幽雅，景色宜人。贺铸就在横塘盖了几间小屋，围了一圈篱笆，作为乡间别墅，整天在那里读书作文，吟诗填词。

这一天，正是梅雨季节，天上阴云低沉。贺铸揉了揉发涩的眼睛，从屋中来到了篱笆前，深深地吸几口潮湿的新鲜空气，转头向西边望去。

忽然，一位年轻女子，十七八岁的样子，身着浅色裙子，衣袂飘飘，像神仙一样，轻轻地向着篱笆走来。那女子莲步轻移，宛若游龙，翩若惊鸿，实在是美极了。

贺铸静静地看着，直到那女子走远了，他的目光仍聚集在她离去的方向。

左右扭摆的腰肢，随步飘动的衣裙，多么轻盈，多么迷人。

此女只应天上有。

清新秀丽，纯朴自然。美女的影子一直在贺铸的头脑之中，难以平静的他，将倾慕之情，注于笔端，写下了《青玉案》。

青 玉 案 贺铸

凌波不过横塘路，但目送、芳尘去。锦瑟华年谁与度？月桥花院，琐窗朱户，只有春知处。　飞云冉冉蘅皋暮，彩笔新题断肠句。试问闲愁都几许？一川烟草，满城风絮，梅子黄时雨！

因为这首词，贺铸被称为贺梅子。

闲愁最苦。李煜的“问君能有几多愁，恰似一江春水向东流”，秦观的“便做春江都是泪，流不尽，许多愁”，贺铸的“试问闲愁都几许？一川烟草，满城风絮，梅子黄时雨”，合称三大写愁名句。

贺铸长得不怎么样，老婆却是美女，姓赵，是高贵的皇室成员——济国公赵克彰的女儿。贺铸的夫人虽是皇家的小姐，但嫁给贺铸后却能够不惮劳苦，勤俭持家，对丈夫十分体贴，夫妻二人感情很好。遗憾的是夫人早逝，让贺铸成了失伴的鸳鸯。

后来，贺铸再到苏州，来到夫人的坟前，往事历历在目，不禁潸然泪下，写下了著名的悼亡词。

半 死 桐 贺铸

重过阊门万事非，同来何事不同归？梧桐半死清霜后，头白鸳鸯失伴飞。　原上草，露初晞，旧栖新垅两依依。空床卧听南窗雨，谁复挑灯夜补衣！

贺铸的这首悼亡词，堪与苏东坡的《江城子·十年生死两茫茫》相媲美，被称为“悼词双璧”。

贺铸曾跟一名歌妓关系密切，两人相约，贺铸仕途通达、生活较为安定时，就接这位美人成亲（纳为妾）。然而，贺铸在官场上一直不顺，为了生活一再奔波，与美人的约定一拖再拖。时间长了，多情重义的美女给贺铸写了封信，附上了一首诗，诗曰：

独倚危栏泪满襟，小园春色懒追寻。
深恩纵似丁香结，难展芭蕉一片心。

读完诗和信后，贺铸百感交集。并不是他寡情，而是力所不及，一个地方小官，养家糊口都难，别说另外安置她了。频繁的工作调动，让他居无定所。还有上级的刁难，同僚的排挤，使贺铸身心俱疲。

不管怎么说，是贺铸辜负了她，便填了一首《石州引》，以表白自己几年来的无可奈何。

石州引 贺铸

薄雨收寒，斜照弄晴，春意空阔。长亭柳色才黄，远客一枝先折。烟横水际，映带几点归鸿，东风销尽龙沙雪。还记出关来，恰而今时节。

将发。画楼芳酒，红泪清歌，顿成轻别。回首经年，杳杳音尘都绝。欲知方寸，共有几许新愁？芭蕉不展丁香结。枉望断天涯，两厌厌风月。

海誓山盟字字真

南宋理宗端平年间，浙江东部某地流传一个以诗词传情，终成眷属的爱情故事。

读书人张忠父与罗仁卿是邻居，两家的夫人同一天生产，张家生了一个男孩，取名张幼谦；罗家生了一个女孩，取名罗惜惜。孩子六七岁的时候，罗家就把女儿惜惜送到张家的私塾，同张幼谦一起读书识字。二人青梅竹马，两小无猜，人们常常对他们开玩笑说："既然你们同年同月同日生，又在一起读书，为什么不结成夫妻呢？"二人听了，觉得很有趣，便私订了终身。

他们常到一棵石榴树下私自约会，谈情说爱，过着快乐的日子。

罗惜惜长成了亭亭玉立的少女，不便抛头露面，只能待字闺中，于是辍学回家了。好长时间不见，张幼谦十分想念，便写了一首《一剪梅》，让人捎给了罗惜惜。

一 剪 梅 张幼谦

同年同月又同窗。不似鸾凤，谁似鸾凤？石榴树下事匆忙。惊散鸳鸯。拆散鸳鸯。　一年不到读书堂。教不思量。怎不思量？朝朝暮暮只烧香。有份成双。愿早成双。

词送到罗惜惜手中，罗惜惜不禁泪流满面。她拿了十枚金钱，一枚相思子，仍托来人捎给张幼谦，以示相思之意。此时，张忠父托媒人向罗仁卿家求婚，罗家因为张家不够富裕，将女儿许给了当地一家姓辛的富户。张幼谦知道后，异常愤恨，他又写了一首《长相思》，托人捎给了罗惜惜。

长 相 思 张幼谦

天有神。地有神。海誓山盟字字真。如今墨尚新。　过一春。又一春。不解金钱变作银。如何忘却人？

罗惜惜读了这首词，十分伤心，她请求传信人捎话给张幼谦："把我许给辛家，是父母的主意，不是我的本意。我就是去死，也不愿嫁给别人。"她还写了一首《卜算子》捎给张幼谦。

卜 算 子 罗惜惜

幸得那人归，怎便教来也？一日相思十二辰，真是情难舍！　本是好姻缘，又怕姻缘假。若是教随别个人，相见黄泉下。

张幼谦读了罗惜惜的这首词，知道了她的情意和决心，于是常常在夜晚翻墙和她相会。时间一久，被罗的父母发现了，告到官府。

公堂之上，张幼谦将自己与惜惜从小到大的恋情娓娓道来，反控罗家嫌贫爱富，棒打鸳鸯。县令被他的真情所打动，便传罗惜惜到堂。经再三询问，确信他们是真心相爱，情深意厚，又见他们郎才女貌，十分般配，就判他俩胜诉，命罗家退回彩礼，准许他俩喜结良缘。

第二年，张幼谦科举及第，此后官运亨通。二人相亲相爱，白头偕老。

幸有连枝同气

北宋天圣年间，有个叫陈敏夫的人，因他哥哥要去广州任职，就随哥哥一起到了广州。不知是妻子去世了，还是尚未娶妻，反正他哥哥没有老婆，只有一个叫越娘的小妾在身边，照顾他的日常生活。这个越娘不仅年轻美貌，而且还会写诗填词。

后来，他的哥哥因病身亡，两人都悲痛不已。料理完哥哥的后事，过了一些日子，陈敏夫便护送越娘回家。一路上，陈敏夫对越娘关怀备至，越娘情绪好了很多，渐渐恢复了往日的活泼快乐。

某一日，他们来到了南昌，见大江横流，层峦叠嶂，越娘随口吟出一联：

悠悠江水涨帆渡，叠叠云山缓辔行。

说者有意，听者更有意，陈敏夫心领神会，正呆呆然不知所措时，越娘开口："小叔也来两句如何？"

陈敏夫望着情意绵绵的越娘，不再客气，稍加思索，对出了下联：

今夜不知何处宿，清风明月最关情。

越娘顿时羞红了脸，微笑着低下了头。

这天夜里，月亮格外皎洁。他们点上酒菜，相对而坐。清风明月，美酒佳人，再加上彼此有所期许，不一会儿，就飘飘然了。借着酒力，越娘醉眼迷离地问陈敏夫说："今夜何处睡？"陈敏夫一怔，居然回答说"廊下赏月"。

真是一个呆子，一点情调都没有。

越娘悻悻地回到了自己的房间。

陈敏夫回到房中，躺在床上辗转难眠，他后悔不该那样回答越娘。想着想着，夜渐渐地深了，但他仍然难以入睡。忽然听到了一阵轻微的脚步声，起身，开门，是越娘。陈敏夫顿时喜出望外，连忙把越娘轻拥入怀。

一夜无话。

第二天，阳光明媚，万里无云。越娘哼着小曲起床梳理，下面这首《西江月》就是她当时所唱的。

西　江　月　　　　越娘

一自东君去后，几多恩爱睽离。频凝泪眼望乡畿。客路迢迢千里。　顾我风情不薄，与君驿邸相随。参军虽死不须悲。幸有连枝同气。

幸福荡漾着，欢乐流淌着，一对鸳鸯正在连理枝上唱着。

窃取金杯作照凭

宋徽宗宣和年间，元宵灯会的规模达到了空前，尤其是皇宫城前到州桥，即所谓的御街一带。由于是内城，这里的灯更漂亮，更有气势，来这里的人都是凭证件出入的达官贵人，因而，这儿有“免费的午餐”。

比如这位少妇，虽然丈夫也到皇城中走过几次，但由于品级不高，自己却难得来一回。见什么都新鲜的她，东瞅瞅西望望，一不小心，就与丈夫走散了。散了就散了吧，待会儿我一个人回家，反正家又不远。

她一点儿也不紧张，漫不经心，哪里热闹就往哪里钻。正好，就让她赶上了徽宗赐酒，一仰脖子干了个痛快，一个顺手，就将杯子揣了起来。她不知道，几个便衣就在她的身边，由于不明身份，他们也不敢造次，就将她押到徽宗跟前。

听说有人偷酒杯，徽宗很纳闷，倒想问个究竟。

“我老赵让你们进皇城，又给你们赐酒，已是天恩浩荡，为何还要偷我的杯子呢？”

面对皇帝，她仪态安然，若无其事，用甜甜的嗓音，缓缓地说：“我与丈夫走散了，正在着急，又赶上万岁赐酒，不敢抗命，就喝了，可我孤身一人，又喝了酒，没法向公公婆婆交代，只好拿上杯子做个物证。”

“有何凭证？”

“有词为证。”说完，她就吟了起来。

鹧　鸪　天　　　　窃杯女子

月满蓬壶灿烂灯。与郎携手至端门。贪看鹤阵笙箫举，不觉鸳鸯失却群。　天渐晓，感皇恩。传宣赐酒脸生春。归家切恐翁姑责，乞赐金杯作照凭。

真是说的比唱的好。徽宗佩服她的机智与才华，更想多听几句她说的话，于是让她再作一首《念奴娇》，且以金杯为题。

不一会儿，那略带磁性的声音，如黄鹂婉转，再次飘在了徽宗的四周。

念　奴　娇　　窃杯女子

桂魄澄辉，禁城内、万盏花灯罗列。无限佳人穿绣径，几多妖艳奇绝。凤烛交光，银灯相射，奏箫韶初歇。鸣梢响处，万民瞻仰宫阙。

妾自闺门给假，与夫携手，共赏元宵，误到玉皇金殿砌，赐酒金杯满设。量窄从来，红凝粉面，尊见无凭说。假王金盏，免公婆责罚臣妾。

这首《念奴娇》比上首《鹧鸪天》更加平白通俗，她唱得更加悦耳动听，徽宗龙颜大悦，不仅没有责罚，将杯子赐给了她，还让皇宫侍卫送她回家。

宋徽宗，一个会生活、懂生活的男人，一个很有情调、很会浪漫的帅哥，一个既无阴谋又无阳谋，不能律己的老大，一个不会治国、不明法度的皇帝。也只有他这样的人（顶多加上一个李煜），才能传下这样的佳话。比他还昏庸的皇帝有的是，但没有他的才气和情调；有才气和情调的文人，也多的是，但没有他的权力，影响不会这么大。

滴粉搓酥左与言

左誉，字与言，出生于风景秀丽的天台。

张芸，杭州名妓，她的女儿张秾，简直就是一个尤物。不但长得漂亮，而且吹拉弹唱，比她的母亲还要略胜一筹。在当时，色艺天下无双。

左誉在钱塘做幕府时，认识了张秾，从此就成了她的超级粉丝。平时有意无意地去亲近张秾，在词作里对张秾也是赞美有加，如“盈盈秋水，淡淡春色”，“一段离愁堪画处，横风斜雨浥衰柳”，“帷云剪水，滴粉搓酥”等，便都是为心上人张秾写的。因此，大家把他和柳永相提并论，“晓风残月柳三变，滴粉搓酥左与言”，说的就是他俩。

然而，那时的左誉只是州府秘书，官职很低。要帮张秾脱籍，还很困难。不久，他又离开钱塘，改任湖州纪委书记兼监察局局长（通判）。一对有情人只好忍痛分离，两人约定，两年后左誉来钱塘接张秾。

谁知天有不测风云，左誉到湖州的第二年，金兵南下，北宋灭亡。一时间，山河破碎，兵荒马乱，生灵涂炭。待到局势稳定时，不觉已经几年过去了。在湖州的这几年里，左誉一直牵挂着张秾，年过四十仍未娶妻。每日里，以填词饮酒排解相思之苦，一首《眼儿媚》至今仍在传唱。

眼　儿　媚　　　　左誉

楼上黄昏杏花寒，斜月小阑干。一双燕子，两行征雁，画角声残。

绮窗人在东风里，洒泪对春闲。也应似旧，盈盈秋水，淡淡春山。

在战乱的年代，能活命就很不错了。为了保护自己，张秾做了大将张浚的小妾，并被改姓为章。张浚军事政治上的往来公文，多半由张秾书写，后被封为荣国夫人。

几年后，左誉终于有机会旧地重游。此时的杭州城，已物是人非。他到处寻访张秾的踪迹，却了无结果。一天，他独自去西湖游玩，正因无聊而回转时，冷不丁发现一队马车迎面而来，路过左誉时，一辆马车停下来，一位美女掀开绣帘，看着左誉吟了一联："如今试把菱花照，犹恐相逢是梦中！"

来人正是张秾，不等他说话，张秾的马车飞驰而去。

左誉感到了从来没有过的失落，他禁不住长叹一声，木然地站在那里。只觉得天旋地转，心如刀割。过往的人见了，就将实情告诉了他，说："先生与这位夫人熟悉？她可是荣国夫人啊，国防部副部长（枢密副使）张浚的妻子。"

"荣国夫人？"左誉忽然放声大笑，"说什么不求荣华富贵，说什么心心相印，说什么白头到老，到头来竟是一场空。"

心已经死了的左誉，头也不回地走了，在黑夜里，他终于找到了一座露着灯光的寺庙，便毅然决然地当了和尚。

春从何处回

湖州有一吴秀才，满腹才学却郁郁不得志，他有一个女儿，名淑姬，不仅十分美丽，而且很会作词，与李清照、朱淑真、张玉娘并称为宋朝四大女词人。

吴淑姬由父母做主，嫁给了一个富家子弟。过门后才发现，他是一个纨绔子弟，整日拈花惹草不说，还对她轻则辱骂，重则打罚。吴淑姬忍无可忍，在忠厚仆人的帮助下逃跑，却被夫家抓回，以不守妇道将吴淑姬告到了官府。

大堂之上，吴淑姬连声叫冤。市长王龟龄（字十朋）看到吴淑姬虽然衣衫不整，但眉宇间却有几分清雅之气，而那富家子弟却是粗俗不堪，心下就明白了几分。便说："你能不能填上一首词，表明你的冤屈，这样我也好为你做主。"于是，吴淑姬写了一首《长相思》。

长 相 思 吴淑姬

烟霏霏，雪霏霏。雪向梅花枝上堆。春从何处回？ 醉眼开，睡眼开。疏影横斜安在哉？从教塞管催。

王龟龄读罢这首《长相思》，从心底里赞叹不已，便判其无罪，准其离婚。

这个吴淑姬是南宋人，还有一个吴淑姬，生于北宋，是汾阴人。

吴淑姬从小由父母做主，许配给了邻村一秀才。这个秀才才华一般，但忠厚老实，知书达理，家境也比较富裕。

在即将结婚前的某一天，情窦初开的吴淑姬坐在镜前梳妆打扮，看见镜中人妩媚俏丽，想到即将成为人妇，两片红霞飞上了双颊。她从梳妆台拿起玉簪，本想往秀发里插，却没想到，手一滑玉簪落地，断为两截。一种不祥之感袭上心来。果然没几天，夫家来人说，秀才病重，已不治而亡。

从此，吴淑姬发誓，玉簪不合，不再结婚。

转眼又是暮春。一天，有个好姐妹来访，看到书桌上一首刚写完的新词，便读了起来。

小 重 山 吴淑姬

谢了荼蘼春事休。无多花片子，缀枝头。庭槐影碎被风揉。莺虽老，声带尚娇羞。 独自倚妆楼。一川烟草浪，衬云浮。不知归去下帘钩。心儿小，难著许多愁。

好友读完，不禁黯然，也明白了吴淑姬的心事，由于不好多说，便告辞而去。几天后再来时，手上却多了一叠诗稿，请吴淑姬赏阅。淑姬一看，面露喜色，大夸好友诗艺精进。好友大笑，说："不是我写的，是杨公子写的。"还告诉她杨公子名子治，是自己的远房表亲。

"杨子治？我怎么不认识？"吴淑姬问道。

好友笑着说："想认识不难，我给你引荐就是了。"

吴淑姬脸一红，低头不语，算是默许。好友走后，吴淑姬细阅诗稿，越看越喜欢，读毕，已是爱不释手。

诗如其人，两人一见钟情，一来二往，已暗定终身。

这天，吴淑姬对父母说，玉簪已合，想必我要结婚了。父母大喜。

没几天，杨家登门求亲，其父一口答应。

新婚之夜，杨子治问新娘子："我听岳父说，第一次结婚前，玉簪摔断，婚姻告吹，这次我家去提亲，玉簪竟然再合，难道这是天意吗？"

吴淑姬回答说："玉簪能为我断，难道就不能为我合？"

说完，狡黠地一笑。

一向乐少愁多

谭意哥本是广东英州（今英德）人，因父母双亡，就流落到了湖南潭州（今长沙），被一个叫张文的人收养。这个张文不怎么地道，为了几两银子，就把她卖到了妓院。

长大后的意哥，眉清目秀，身材苗条，是长沙的第一美人。她既懂音乐，又擅长诗词，是长沙的超级明星。

后来，因与长沙的长官吟诗作对，讨得欢心，才有机会落籍为民，获得了自由身份。从此，她便开始寻找自己的另一半。就在这时候，张正字来长沙做管理茶政的官员。意哥一见此人，便认准他就是自己的梦中情人，可以依托终身的丈夫。张正字也对谭意哥有意，一来二往，二人就走到了一起，经过一番盟誓定情，谭意哥与张正字正式生活在了一起。

又过了两年，张正字调任别处，谭意哥为他整理行装，并在郊外饯行。临别时，意哥挎着张正字的胳臂，悄悄地说："你出身名门望族，而我是青楼女子，我们之间的确不般配。你虽没有结婚，但父母在上，怕是由不得你做主。今日一别，再无重逢之日。"张正字说："我们的誓言，有如日月在天，如有违背，神灵共鉴。"谭意哥是相信张正字的，深情地说："我怀孕已经几个月了，这是你的骨肉，千万别忘了。"

两人大哭一场，辞别而去。谭意哥从此足不出户，就是邻居也难得见她一面。

过了一段时间，谭意哥给张正字写了一封信，还附了一首诗，盼望着张正字能早点归来。

又过了一年，张正字没有回来，可他仍然没有结婚，谭意哥依旧对他信心十足，又写了一封思念的信，还有两首词。

极相思令 谭意哥

湘东最是得春先。和气暖如绵。清明过了，残花巷陌，犹见秋千。　对景感时情绪乱，这密意，翠羽空传。风前月下，花时永昼，洒泪何言！

长相思令 谭意哥

旧燕初归，梨花满院，迤逦天气融和。新晴巷陌，是处轻车骏马，禊饮笙歌。旧赏人非，对佳时，一向乐少愁多。远意沈沈，幽闺独自颦蛾。　正消黯、无言自感，凭高远意，空寄烟波。从来美事，因甚天教，两处多磨？开怀强笑，向新来、宽却衣罗。似恁他人怪憔悴，甘心总为伊呵！

张正字收到谭意哥的书信，心情很抑郁，虽然有时和朋友说说，可不敢向父母吐露半个字，也不敢给谭意哥只言片字。不久，在父母之命、媒妁之言的正式礼仪之下，张正字正式结婚了。谭意哥得到张正字结婚的消息，非常痛苦，却不震惊，始乱终弃，似乎是那个时代的规律。

痛定思痛，谭意哥给张正字写了最后一封信，她不怨天，也不怨人，只是告诉了自己的打算，孩子已经三岁了，我一定会抚养成人，作为自己终身的依靠。我不是寡情的人，以后到了别的地方，希望能告诉我一声。

张正字里外不是人，没有感情的婚姻还得维持，有感情的人却远在天边。从长沙来的人都在骂他，说那个张生，真是铁石心肠，其所作所为，在有情人看来，简直是罪不容诛。

三年后，张正字的老婆去世，没有了牵挂，张正字决定到长沙去找谭意哥。

在寻访的过程中，所有人对谭意哥都是赞声一片。到了家门口，但见门户清静，庭院肃穆。张正字更内疚了，便举手敲门。谭意哥见是张正字，连忙关起大门，不肯见面。张正字说："我不远千里而来，就是为了见你一面，为何如此绝情呢？"意哥说："你已经有妻子了，就不应该再来玷污我的清白。"张正字说："我的妻子已经去世了。我知道我对不起你，反正我也是孤身一人，如不肯原谅，我便死在这里。”谭意哥说：“过去我太单纯，只凭几句誓言，就跟了你，得的容易就不会珍惜。现在你要是真心和好，就必须明媒正娶。否则，永无相见之日。”

张正字按谭意哥的要求，依照正式的程序，举行了婚礼。然后，夫妇二人带着孩子，一同回到了京城。

谭意哥是个贤惠的女子，可张正字呢？今天看来，算不上是好人，可在那个时代，能这样做，已经是难能可贵了。别的人，充其量也就是纳为妾。让张正字的老婆死，编故事的人有些损，还不如不让他结婚。

参考书目

[1]唐圭璋.宋词纪事.北京:中华书局,2008.

[2](清)徐釚.词苑丛谈.唐圭璋,校注.北京:中华书局,2008.

[3]吴熊和.唐宋词通论.杭州:浙江古籍出版社,1985.

[4]唐宋词鉴赏辞典:唐·五代·北宋卷.上海:上海辞书出版社,1988.

[5]唐宋词鉴赏辞典:南宋·辽·金卷.上海:上海辞书出版社,1988.

[6]谭其骧.中国历史地图集:第六册(宋·辽·金时期).北京:中国地图出版社,1982.

[7]袁江蕾.忆昔花间相见时.天津:天津教育出版社,2009.

[8]吴雨亭.闲敲棋子落灯花.北京:北京航空航天大学出版社,2010.

[9]白落梅.烟月不知人事改.长春:吉林出版集团有限责任公司,2010.

[10]陶冶.宋词故事.北京:商务印书馆国际有限公司,2000.

[11]毕宝魁.宋词故事.沈阳:沈阳出版社,2000.

[12]王曙.宋词故事.北京:北京工业大学出版社,2001.

[13]李一冰.苏东坡大传.北京:九州出版社,2006.

[14]喻朝刚,周航.李清照全传.长春:长春出版社,1996.

后　记

做了二十五年的编辑，没有做出令自己满意的书，的确是一件遗憾的事情。好在还有时间，好在我还没有放弃。《换个角度读经典》就是我的一个梦想。这个系列分三个部分，即《故事里的文学经典》、《故事里的哲学经典》、《故事里的史学经典》。这是一个开放性的项目，也是一个比较大的项目。我不知道，能做多少，能走多远。

以故事为切入点，通过一个个故事，粗线条地通俗地将经典介绍给读者，使经典成为通俗的大众读物，是我做这个项目的本意。脑子里想的是一回事，身体力行地做又是一回事。为了验证我的想法可行，自己动手做了一个实验，实验结果就是这个小册子。当然，真正的裁判是读者。

无论做人做事，我都不是一个严谨的人，对待文字也是一样。游戏的味道多，严谨的成分不足，更缺少执着的精神。好在项目中的绝大部分作品是由专家学者和职业写手完成的。

正因为有了这些专家学者，我连序也可以不写了。

感谢庆振轩教授，感谢韩高年教授，感谢所有的作者，感谢所有的编辑及为此付出辛勤劳动的朋友。

张仁

2012年12月21日于家中